教科書に
書かれなかった戦争
PART 59

少女たちへのプロパガンダ

——『少女倶楽部』とアジア太平洋戦争

長谷川 潮［著］

梨の木舎

目次

第一章　満州事変が起こされる

第二章　仮想の日米戦争

第三章　支那事変に突入する

第四章　太平洋戦争前夜

第五章　破滅の太平洋戦争

第一章

満州事変が起こされる

軍国少年・軍国少女

軍国少年および軍国少女とは、国家のために、自分の生命を含めすべてを捧げようとした少年や少女のことである。そういう少年少女の存在は支配者の立場にある者にとっては都合のいいものであり、近代日本においても明治期以来ずっと、それらを生み出そうとする試みがつづけられてきた。そしてその努力が大きな成果を獲得したのは、〈アジア太平洋戦争〉の期間だった。

このアジア太平洋戦争という名称は、一九三一（昭和六）年九月以降の〈満州事変〉、一九三七（昭和一二）年七月以降の〈支那事変〉、および一九四一（昭和一六）年十二月に始まり一九四五年八月の日本の敗戦で終わった〈太平洋戦争〉を総称したものである。満州事変と支那事変は、中国との戦争に当時の日本がつけた名称で、太平洋戦争は、日本との戦争をそのように呼んだアメリカなどの側のつけた名称である。日本は戦争当時において、支那事変とアメリカなどとの戦争を併せて〈大東亜戦争〉と名づけたが、この名称は現在ではほとんど使われていない。

アジア太平洋戦争のことを、戦争の開始年から終結年までが足かけ十五年だったことから、〈十五年戦争〉と呼ぶこともかなり長いあいだつづいた。しかし現在では、地域名を表示するアジア太平洋戦争が主になっている。

さて戦争が十五年もつづいたのだから、開戦当時に十歳であった者は敗戦時には二十四歳。少年少女期から青春期を戦争のなかで生きたことになる。また、開戦の年に生まれた子どもは、敗戦時には十四歳。子ども時代のすべてを戦争のなかで生きたことになる。いずれにしても、この時代に生きた子どもたちは、戦争のなかで生きるという生き方以外の生き方を、まったく知らなかったのである。

そういう子どもたちが軍国少年や軍国少女になったのだが、自然にそうなったというのではなく、広い意味での〈教育〉の結果である。その教育のなかの大きな部分は軍国主義に支配されていた学校教育だが、学校以外の児童文化なども少なからぬ影響を及ぼした。この戦争の時代にはまだテレビはなく、ラジオの影響は小さかったから、児童文化としては本や雑誌、それに地域によっては紙芝居が大きな割合を占めていた。つまり学校教育と児童文化とが、よってたかって軍国少年や軍国少女を作り上げた。

しかしそれでは、たとえば当時の少年少女雑誌とか児童雑誌はどういうものだったかということの細かい点は、必ずしも明らかになってはいない。本書はそういう問題意識の下に、講談社の『少女倶楽部』という雑誌を選び、この雑誌が戦争に関わってどういうことを読者に伝えていったかということを探ろうとするものである。なぜ『少女倶楽部』なのかという理由は以下に述べる。

『少女倶楽部』を取り上げる

大衆的な少年雑誌なり少女雑誌なりの最盛期は、ほぼ昭和一桁の時期から二桁の初期である。講談社の『少年倶楽部』（一九一四～六二）には、四年間の分だけ復刻版があるが、それは一九三〇（昭和五）年から三三（昭和八）年までであって、『少年倶楽部』にとってはそのころが最も誇るべき時期だったということになるだろう。なお本書で扱う時期においては講談社の正式名称は大日本雄弁会講談社であり、その名称が〈講談社〉に改められたのは一九五八（昭和三三）年のことであるが、本書ではすべて講談社とする。

雑誌の消長はさまざまであり、児童雑誌の世界においても、大正期において花開いた『赤い鳥』（赤い鳥社）などの童話系の雑誌は、昭和初期にはほとんど消滅しており、一方、明治期以降の長い歴史を持つ博文館の『少年世界』や『少女世界』は、前者が一九三三（昭和八）年に、後者が一九三一（昭和六）年に終刊となったのだった。

少年雑誌や少女雑誌の「最盛期は、ほぼ昭和一桁の時期から二桁の初期」だと述べたが、実はこれは講談社の雑誌についての状況である。そして、講談社の雑誌の状況が、そのまま日本の少年少女雑誌の状況となっていたと言ってよかった。すなわち、雑誌という児童文化の領域は、当時はほとんど講談社が代表していた。したがって、この時期の講談社の少年少女雑誌全体を把握することは、児童文化全体を把握する上で欠くことのできない作業である。

ところが、実際問題としてその作業はきわめて困難であるが、その理由として大きくは二つの点を挙げることができる。

まずその一つは、対象となる雑誌の量が膨大であることである。たとえば一九三三（昭和八）年の『少年倶楽部』は、各号ほぼ三〇〇ページ。特定の作家の作品だけを読むように部分的に読むのならともかく、雑誌全体を研究しようとして全ページを読む場合、一年分だけで三六〇〇ページに目を通さなければならない。

もう一つの問題点は、雑誌そのものをきちんと所蔵している図書館・資料館がきわめて少ないということである。『赤い鳥』や『童話』（コドモ社）のように全冊の復刻版が刊行されていれば苦労せずに手にすることができるが、復刻版がない場合には雑誌を手にすること自体に困難があることが多い。すなわち、量の問題と閲覧上の問題が、雑誌研究にまず立ちはだかるのである。

わたしは本書執筆のために自宅から一時間あまりの日本近代文学館に通って『少女倶楽部』を読んだ。丁寧に読もうとすると、一日で一年分を読むのが精一杯で、効率の悪いことおびただしいのだった。

さて、アジア太平洋戦争が少女雑誌にどのように反映されているかを明らかにする、というのが本書のねらいである。なぜ少年雑誌を対象とせず、少女雑誌を対象とするのか、また少女雑誌のなかでも『少女倶楽部』を取り上げるのはなぜか。理由はいくつかあるが、根本的には少女雑誌の内容が、少年雑誌の場合に較べて知られていないからである。

もっともここでは少年雑誌というとき『少年倶楽部』を念頭に置いているのだが、その内容のかなりの部分が復刻されていて容易に読むことができる。すなわち『少年倶楽部名作選』、『愛蔵復刻版少年倶楽部名作全集』、『少年倶楽部文庫』（いずれも講談社）といったものがそれである。ただし、こういう形では復刻されない雑多な記事があり、戦争の反映に関してはその雑多な記事が重要であるということは確認しておく必要がある。

なお『少年倶楽部』の全体を概観するのには、黒古一夫監修『『少年倶楽部・少年クラブ』総目次』（ゆまに書房、二〇〇八）が最も便利である。けれども、この資料は原則として「目次」を活字化したもので、必ずしも本文と照合されていないことに注意しなければならない。このほか、『少年倶楽部』を取り上げた研究書などが数冊ある。

『少年倶楽部』のこういう状況を受けて、わたしはあえて『少女倶楽部』に取り組むことにした。まだ検討されていないことを明らかにするのは、研究や評論に携わる者にとって大事な仕事である。『少女倶楽部』のほうが、『少年倶楽部』に較べて明らかに未知のものである。わたしは、少女雑誌にどのように戦争が反映されたかを確認し、その反映によって当時の少女たちがどのように影響を受けたか、つまり軍国少女化したかということを、幾分かでも明らかにしたい。

なお、わたしが本書を書きはじめたときには刊行されていなかった資料が生まれている。すなわち、『少年倶楽部・少年クラブ』総目次』と対になる黒古一夫監修『『少女倶楽部・少女クラブ』総目次』(ゆまに書房、二〇一〇)がそれで、その作成法も共通している。概観するには便宜を得られるが、当然ながら本体を見る苦労には変化がない。

『少女の友』との違い

昭和の始めから昭和十年代半ばころまで(つまりアジア太平洋戦争によって日本が壊滅する少し前の時代)において、代表的な少女雑誌は『少女倶楽部』と実業之日本社の『少女の友』だった。ところで簡単に少女雑誌と言ったが、これらの雑誌の読者層の年齢はどういうものだったろうか。『少女倶楽部』と『少女の友』とでは、その読者層は少しだけずれていたように感じられる。すなわち、『少女倶楽部』は小学校六年くらいから高等女学校三、四年まで、『少女の友』はほぼ高等女学校の生徒全部（一年〜五年）を中心的な対象にしていたようだ。むろん例外はあったにしても、『少女の友』の読者層のほうが少しだけ年齢が高かったのではないか。このことは雑誌の内容に当然ながら反映していたというか、雑誌の内容からして読者層をそういうふうに想定できるということである。

両誌の発行部数においては、『少女倶楽部』のほうがはるかに優勢だったようだ。一つだけ数字を挙げておくと、一九三六（昭和一一）年新年号の『少女倶楽部』の売り上げは四八万部だった（『講談社の80年』講談社、一九九〇）。ちなみに同じときの『少年倶楽部』は七五万部で、『少女倶楽部』は少ないように見えるが、当時の女子は中等学校への進学率が男子よりずっと低く、小学校を終えただけで働く女の子が多かったことを考えれば、新年号だから他の月より多く売れたにしても、四八万部とは大変な数字だった。そして『少女の友』の部数は、とてもそこまではいかなかったのである。

この二つの少女雑誌の現在の（二一世紀のという意味）運命には大きな差があっ

て、そのことに雑誌の性格が反映していると見ることができる。「差」とは何かと言うと、『少女の友』は今でも語られることが多いが、『少女倶楽部』のほうはそうではないということである。

『少女の友』には、かつての読者を中心にした応援団がいる。「応援団」という表現を使ったことにからめて言うと、作家であり少女小説研究者である遠藤寛子は、いわば応援団のチアリーダーである。遠藤には『『少女の友』とその時代』（本の泉社、二〇〇四）という著作があるほか、旧読者たちとともに復刻版実現のための運動を繰り広げたりした。遠藤に限らず、『少女の友』について語る旧読者は多い。

復刻版の実現はまったく不可能だったが、そのささやかな代わりとして、『少女の友　創刊100周年記念号』（実業之日本社、二〇〇九）という、雑誌ふうのスタイルを持つユニークな本が生まれている。発行部数六万部とか称されたのはかなり前だから、もう十万部を越えたかもしれない。この記念号は多く旧読者に購入されているのだろうが、それだけとは思えない。外箱に中原淳一の表紙絵（昭和十五年四月号）を使ったこの特別号は、旧読者以外の世代にもアピールする力を持っているように感じられるからである。なおこの記念号には、「『少女の友』略年譜」というものが掲載されていて、一九〇八（明治四一）年二月の創刊号から最終号の一九五五（昭和三〇）年六月号までの、本当にごく簡単な内容を知ることができる。

この特別号の刊行でも分かるように、『少女の友』は記憶され、回想されつづけているのだが、それに対して『少女倶楽部』のほうはほとんど語られることなく、歴史のなかに埋もれてしまっている。その理由はもちろん、両誌の内容にかかわるところが大きいのだが、それと関連して読者層の差異ということも無視できない。

『少年小説大系』（三一書房）の第二四巻および第二五巻（いずれも一九九三）の「少女小説名作集」を編集した遠藤寛子は、少女小説を〈少女倶楽部〉的なものと、〈少女の友〉的なものとに大きく二つに分類し、前者を「地方的」、後者を「都会的」と性格づけている。この性格づけは、少女小説のありようのみならず、雑誌全体の性格としても援用できる。「都会的」なものに憧れる、あるいは自らを「都会的」と位置づける少女の気持ちを捉えるものを、『少女の友』全体の雰囲気が持っていたのであって、それは長く使用された中原淳一の表紙絵だけからでも感じ取ることができる。

「地方的」とか「都会的」とかいう二つの雑誌の性格の違いを、読者における文芸性のありようということに、ある程度置き換えることもできるのではないだろうか。『少女の友』の読者の多くは書くことにきわめて熱心だった。昭和初期において『少女の友』には「トモチャンクラブ」という読者の投稿欄があり、それは雑誌が三〇〇ページのときに三〇ページを占めたりした。そこへの投稿を生き甲斐とするような少女も生まれたようである。

そういったことからして、『少女の友』は「文芸的」であり、その点で及ばなかった『少女倶楽部』は、いわば「生活的」だったとも言えるだろう。「文芸的」だった『少女の友』の読者たちは、今日に至るまで『少女の友』についてのスポークスマンの役割を引き受けているのだが、『少女倶楽部』の読者の多くは、おおむね「文芸的」ではなく、後の時代において、少女時代に愛読した雑誌について大声で語る、ということはなかったのではないだろうか。

その語られなかった『少女倶楽部』について、アジア太平洋戦争との関係という限定的な側面からだけではあるが明らかにしてみようというのが、本書の目標なのである。

なお『少女倶楽部』は、一九二三(大正一二)年新年号をもって創刊された。パートナーとしての『少年倶楽部』の創刊は一九一四（大正三）年だから、ずいぶん遅れたことになる。敗戦の翌年一九四六（昭和二一）年四月号から『少女クラブ』と誌名の表記を改め、創刊以来ずっとA５判だったサイズは、一九五五（昭和三〇）年七月号からB５判へと大きくなった。終刊は一九六二（昭和三七）年十二月号である。

満州事変への反応――山中峯太郎「万国の王城」、西条八十「守って下さい満州を」

アジア太平洋戦争の発端は、一九三一（昭和六）年九月十八日に満州（中国東北部）駐留の日本軍である関東軍が、奉天（現・瀋陽）付近で引き起こした柳条湖事件である。（柳条湖は当時の日本では柳条溝と表記され、柳条湖となったのはずっと後のことになるが、ここではすべて柳条湖とする。）関東軍の一部の将校が現場で鉄道をわずかに爆破し、それを中国側の犯行だと称した上で中国軍を制圧した。そして一九三二（昭和七）年三月一日には、日本の傀儡国家である満州国を発足させた。

中国では柳条湖事件を〈九・一八事変〉と呼んでいるようだ。日本人の多くは〈柳条湖事件〉と言われても日付は（事件も）分からないだろうが、〈九・一八事変〉なら中国人は日付を忘れようがないと思う。さて、九月十八日に発生した事件については、年内発行の雑誌に取り上げることはむずかしかったろうが、しかし『少女倶楽部』ではそれが実現している。

この当時作家の山中峯太郎は『少女倶楽部』に「万国の王城」という作品を連載中だったが、昭和六年十二月号のこの連載小説に、前文と後文とも言うべき文章が付けられていて、そのなかに「満州事変」という表現が入っている。

［前文］

我等の母国『日本』は、亜細亜の第一強国として、汚れなき二千五百九十一年の歴史をもつ。皇国日本は栄えあるかな！　然るに、今、北方の満州に、重大なる事変あり。国民は皆、我等の母国を護るべく、『満州事変』の成行を憂ふ。（以下略）

［後文］

かの満州事変を動機として満蒙の地には、今や独立運動が盛んに起つてゐます。而して勇敢なる蒙古独立青年党は、起つて支那に向つて大蒙古の独立を叫んで居ります。（以下略）

内容、文体からして、前文は峯太郎の、後文は編集者の文章かと思われるが、いずれにしてもアジア地域に強い関心を持ち、「万国の王城」自体がこの地域の物語であったがゆえに、峯太郎は前文のようなことばを発せずにはおられなかったのだろう。

一九三二（昭和七）年二月号には、西条八十の「守つて下さい　満州を」という一連四行、全十連の詩が四ページにわたって掲載されていて、各ページの上半分に詩が、下半分に挿絵が入れられている。タイトルで分かるように満州事変を扱ったものであり、最も早いその文芸化の一つだろう。最初の二連と最後の二連を引用する。

（第一連）兄《にい》さま、遠い満州の
氷の原のお兄さま、
ちら〳〵雪が降る今宵
あなたはどこの森のかげ。

（第二連）御国《みくに》のために執る剱の
光も凍る真夜中に
揺れる露営の篝火に
故郷を想ふお兄さま。

（第九連）あなたが凱旋なさるまで
母様のこと、家《うち》のこと、
細腕ながら妹は
かならず守つて見せまする。

（第十連）兄さま、雪がやみました、
　　いつも出てゐるひとつ星。
　あなたの胸の勲章の
　　楽しい夢のひとつ星。

日本にいる少女と満州をつなぐとすると、兄が出征して満州にいると設定するのは常識的な発想ではあるだろう。しかし、兄の身の上を思いやることを歌うだけではなく、兄も妹も国家への忠誠を目指すという、国家主義的、軍国主義的色彩の主張が濃厚である。

西条八十は、読者の世代によって受け止めかたが大いに異なってくる詩人である。たとえば、明治末あたりに生まれた子どもたちには、「かなりや」や「お山の大将」などの童謡詩人である。

ところが昭和初期に生まれた子どもたちには、「若い血潮の　予科練の／七つボタンは　桜に碇」という「若鷲の歌」で予科練（海軍飛行予科練習生）への強烈なあこがれをかき立て、海軍兵学校の学生同士の友情をいかにも美しいものとして

「貴様と俺とは同期の桜」と、「同期の桜」によって讃美したところの、いわば軍国詩人である。そして「若鷲の歌」では「いのち惜しまぬ　予科練の」（第四連）と言い、「同期の桜」では「みごと散ります　国のため」（第一連）と、生命を投げ出すことを露骨に強要したアジテーターだった。

戦争の絶対的肯定の立場でどんな思想でもどんな事柄でも巧みに表現してしまう西条八十は、わたしには、全自動歌詞製造マシンとでも言うべきものに見えてしまう。そしてその傾向は、「守つて下さい　満州を」に早くも示されていたのである。

講談社はいろいろの場合において、早くから西条八十を起用していたように記憶するが、満州事変発生に当たってすぐに引っ張り出したのは、なんでも屋としての八十のマシンぶりをよく知っていたからかもしれない。

〈肉弾三勇士〉

一九三二（昭和七）年五月号に、十九ページからなる大作、「あゝ肉弾三勇士」（鈴木氏亨・作　伊藤幾久造・画）が掲載される。日本軍は、満州を支配した直後の一九三二（昭和七）年一月から二月にかけて、はるか離れた上海を攻撃した。世界の目を満州から逸らすことをねらってのものであって、これは（第一次）上海事変と呼ばれた。〈肉弾三勇士〉は、上海付近の戦闘の際のできごとにもとづいている。

そのできごとの概略を、「あゝ肉弾三勇士」の冒頭に置かれている囲み記事で紹介しよう。

あゝ廟行鎮の三勇士！　今や肉弾三勇士の名は、国境を越えて遠く全世界に拡まつてゐます。

畏れ多くもわが皇室におかせられては、この忠烈無比なる三勇士の悲愴な戦死の物語を、奈良武官長より聞召され、いたく御感動遊ばされたと申すことであります。

今日では、肉弾三勇士の名は、三歳の児童と雖も知らぬものはなく、芝居に、活動写真に、ラヂオに、軍歌に、浪花節に、琵琶歌に、あらゆるもので讃美止みません。満州事変から上海事件にかけて、これくらゐ国民を、感激、熱狂、昂奮させたものはないでせう。

私は、これから三勇士について、愛読者の皆さんにお話しようと思ひますが、これまで新聞でいろ〳〵と書きつくしてゐますので、こゝには三勇士の世間に余り知られてゐない一面と、廟行鎮に於ける、当時の壮烈な戦況――三勇士が肉弾散華の真相を、くはしくお伝へしようと思ひます。

〈三勇士〉こと作江一等兵、江下一等兵、北川一等兵の三人は工兵で、上海近郊の廟行鎮《びょうこうちん》というところの戦闘において、他の工兵たちとともに、敵の前面に設置してある鉄条網を破壊する任務を命ぜられた。いろいろの手段がうまくいかず、最後には竹筒に爆薬をつけ、それを運んでいって点火して爆発させる、というものになったようである。

それでもうまくいかなかったが、最後に作江たちは、出発前に導火線に点火し、鉄条網のところに着いたときに、爆発させることにした。つまり自分たちの生命を犠牲とすることが前提であって、いわば特攻隊の前身だった。

こうして三人の犠牲によって突破口が開き、日本軍は勝利を得た。そして三人はだれひとり知らない人のないような軍事的英雄として讃美されることになった――

以上のような説明が、公式のものだった。

しかしのちになって、次第に〈真実〉が伝えられるようになる。三勇士の死は、指揮官とか本人たちとかの、なんらかの失敗によって発生したものである。そしてミスの結果として三人は爆死した。上官らによるこの事故の処理の仕方は、実に巧妙なもので、だれも責任は取らされなかった。死んでしまった三人は貧乏くじを引いたわけだが、しかし、死後において名誉だけはたっぷり与えられた。

『少女倶楽部』の「あヽ肉弾三勇士」は、もちろんすべてが公式の説明のままである。三人の戦闘での死を語る前に、その人間性が優れていたことについてのエピソードが語られる。そして戦闘場面である。


命令を待ち構へてゐた、第一組長作江一等兵が、二人を振り返りながら、激越な調子で叫びました。

『それ、行け！』

月影に映る三人の眉宇には、真剣決死の色が漲つてゐます。三人は、素迅く最後の握手を交すと、導火線に点火して長さ四メートルの青竹の破壊筒を、北川、江下、作江の順序で肩に引つ擔ぎ、雨あられと降る敵弾の中をまつしぐらに飛び出しました。

導火線の長さは僅か四五寸位で、鉄条網の下で点火しても辛うじて逃出せる位の暇しかないのです。飛び出して行く前に、導火線に点火した三兵士は、もとより、万死に一生をも期してゐなかつたのは無論です。

破壊筒を三人で擔いだ時、ひとりが倒れゝば後の二人、その一人が倒れても、最後の一人が目的を遂行するといふ、必ず死ぬが必ず成功するといふ戦術を選んだものでした。

敵弾を浴びながら、三兵士は鉄条網の直前まで、一人も倒れずに走つて行きました。あゝ何といふ天佑でせう！

瞬間、轟然たる大爆音が起つて、肉塊の破片が、七八メートルの高さに吹き上げられたのが、薄明に、はつきり認められました。

『わあーツ、突撃路が出来たぞッ！』

暁の空に、剣を高く振りかざしながら、東島小隊長は勇躍して突進しました。その後から碇大隊が喊声をあげて、怒濤のやうに進撃しました。

〈肉弾三勇士〉について伝えられた事象の少なくとも一部は、必ずしも事実ではなかったことはすでに述べた。児童対象のものをふくめて、あらゆるマスコミが虚偽を報道したことになる。そのことの責任追及はここでは手に余るが、少年少女雑誌のありようとして、一つだけ問題を提示しておきたい。

『少女倶楽部』が想定する読者層の少女たちが読むものとしての「あゝ、肉弾三勇士」という読物の性質、およびその文体をどう考えるかということである。

全体として感情をあおるだけの内容であり文体であるのは言うまでもないが、雑誌を作る側の意識として、こういうものへの自制がまったく働いていなかったということだけは指摘しておかなければならないだろう。もっともこういった読物の掲載が、編集側の意図だけの問題なのか、それとも軍の側からのなんらかの働きかけがあったという問題でもあるのかという判断はきわめて難しい。このことは、戦争がさらに進展していくにつれて、いつでも問題になることではある。ただしこの〈肉弾三勇士〉の場合のマスコミの熱狂は、軍の働きかけだけでは説明できないと思っていいのではないだろうか。

第二章　仮想の日米戦争

空襲されるという予測──野村愛正「防空第一戦」

一九三七（昭和一二）年七月七日に北京郊外の盧溝橋で起こった衝突（盧溝橋事件）をきっかけに、日本軍と中国軍は全面的な戦争に突入した。この戦争を日本側は〈支那事変〉と称し、満州事変のときと同じように戦争とは認めなかった。なお、支那事変という名称が定着する前には、〈北支事変〉とか〈日華事変〉とかいう名称も使われた。

当時の日本は戦争とは呼ばなかったにせよ、支那事変の際には日本は百万を越える大軍を中国に送り込んだのであり、その大軍の軍事的行動は戦争以外のなにものでもなかった。一九三一（昭和六）年の柳条湖事件から一九四五（昭和二〇）年の日本降伏までの足かけ十五年間の日本と中国との戦争を、現在では日中戦争と呼んでいる。日本が最終的に破滅したのは主として太平洋戦争の結果だが、その太平洋戦争は日本が中国を侵略したことから派生したものだから、中国侵略が日本を破滅させたと言うことができる。むろん当時の日本はそういう見通しを持つことができず、中国を支配することが可能と考えて、〈事変〉を積み重ねていったのだった。

さて日本としては満州国を成立させたつもりだったが、しかし世界の諸国はそうは思わなかった。スイスのジュネーヴに本部のある国際連盟は、長い期間の調査や討議の末、一九三三（昭和八）年二月二四日に満州国を承認しないという決議案の採択を行なった。結果は賛成四二、反対一（日本）、棄権一（タイ）だった。すなわち、満州国は独立国家などではなく、日本の傀儡国家であることを世界が確認したのだった。日本は即座に国際連盟を脱退し、世界の孤児となった。

今日では一般的となっているこの「世界の孤児となった」という認識を、当時の人びとはほとんど持っていなかっただろう。そのころのマスコミは、政府の施策や軍の行動を批判的に報道するようなことは、ごく例外的な場合を除いてできなかった。（その例外的な場合については、この章の末尾で触れる。）だから少年少女雑誌においても、そもそも国際連盟脱退のような国際政治にかかわるできごとが、その事実と真の意味を子どもに伝えようとして取り上げられることなどなかった。
ところが思いがけないところで、国際連盟脱退への言及に出会った。『少女倶楽部』一九三三（昭和八）年十月号に、野村愛正《あいせい》の「防空第一戦」という物語が掲載されているが、これは題名のとおり空襲を扱った作品である。アメリカやイギリスの飛行機が東京を襲うという設定のもので、ある一家の体験という形で書かれている。この作品の冒頭で、父親が自分の子どもの中学生や女学生に、なぜアメリカやイギリスが日本を襲うかということを以下のように解説する。

『印度が独立したとすれば、イギリスは、滅亡しないまでも第二流以下の国になつてしまふ。しかし日本が援けないまでも、今まで白色人種に征服されてゐた東洋の諸民族は、満洲民族が支那の漢民族から離れて独立したやうに独立したがつてゐるのだ。殊に、日本が、東洋のことは東洋人でやる、遠い欧米人の世話にはならないといつて国際聯盟を脱退したらう。黙つてゐるといつかはさういふ時が来る。それまで待つてゐたのでは大変なので、東洋民族が固く結束しないまでに、まづ総大将の日本をやつつけてしまへといふ訳で無理に戦争を仕掛けて来たのだが……たゞ、イギリス一国だけでは日本に必ず敗ける。そこで、東洋に野心のあるアメリカを巧く誘つて、英米聯合して日本を倒さうとするのだ！』

国際連盟脱退という日本にとってのマイナスの要素を、こういう形でプラスの要素のように見せかけて少年少女に伝えたと理解していいだろう。野村愛正という、必ずしも政治や軍事に関心を持っていたとも思われない作家がこういう作品を書いたのには、外部からのなんらかの要請があったためと推定される。

少女の役割――平田晋策「日本がもし空襲されたら」

こういう推定をするのは、「防空第一戦」が掲載された十月号の二カ月前の八月号に、軍事評論家として知られた平田晋策《しんさく》が、「日本がもし空襲されたら」という解説記事を掲載しているからである。この解説は、写真入りではあるが、八ページにもわたるもので、執筆者である「僕」と姪の「芳子」との対話という形式で書かれている。芳子はセーラー服を着ているということであり、女学校の二、三年生程度という設定だろうか。ふたりの対話は東京湾をヨットで帆走しながらというもので、このころはまだ優雅な生活が普通にあったのだと思わせる。

伯父である「僕」は芳子に、日本は敵の航空機に攻撃されやすいと言う。ロシヤはシベリアの航空基地から飛び立てばよく、アメリカは航空母艦で接近すればいいのだと（平田は「ソ連」よりも「ロシヤ」のほうをよく使っている）。伯父に煽られた芳子は、「何だつたら私、海上の義勇監視隊になつてもいゝわ」などと口走る。それに対して伯父は、「お前は、やはり女らしく、白い看護服をきて、憎い爆弾のために傷ついた憐れな人々を、看護してあげなさい」などと言う。読者に対する次のようなことばで伯父は締めくくる。

可愛い姪は、すつかりすねてしまひました。

しかし読者の皆さんは、きつと、日本が不幸にも防空戦をしなければ成らぬ時は、りゝしい看護服をきて、ナイチンゲールのやうに、『傷つける人々の友』になつて下さると、信じます。

日本が空襲されるという問題についてはこのあと述べるが、ここではとりあえず、少女は看護婦（特に従軍看護婦）となって戦争に協力しろという要請が、早くから少女雑誌で展開されていたことに注意してほしい。なお明治期以来の長い伝統を持つ〈看護婦〉という呼称は、二〇〇二（平成一四）年に、法律によって〈看護師〉という名称に改められた。しかし本書で扱う時期のものはすべて看護婦と書かれているわけだから、看護婦と記述することにする。

さて、空襲について警告する平田晋策は、一九三二、三（昭和七、八）年当時は軍事評論家として『少年倶楽部』や『少女倶楽部』にしばしば登場していた。その後『昭和遊撃隊』（講談社、一九三四）や『新戦艦高千穂』（講談社、一九三六）（どちらも『少年倶楽部』に連載）で、少年軍事小説の代表的書き手のひとりとなるが、一九三六（昭和一一）年に衆議院議員に立候補するために郷里の兵庫県に帰ったときに交通事故で亡くなった。そういう経歴の人物だが、わたしは軍事評論家と呼ぶのにはいささか躊躇する。というのは、評論家といえども当時は軍の動向に批判的な意見などは言えなかっただろうから、いつでも軍を肯定する。そうであってみれば、いくら軍事的に広い知識を持っていたとしても、やれることは軍のスポークスマン的な役割を果たすことだけなのだから。

さて空襲の問題に戻ると、平田は「日本がもし空襲されたら」の一年前、『少年倶楽部』の一九三二（昭和七）年六月号に、「若し日本が敵の飛行機に襲はれたら」という、挿絵入りながら十九ページもある解説（読物）を掲載していた。アメリカ空軍が日本を襲ったらという設定のもので、叔父と甥との会話で書かれている。この解説は『少女倶楽部』の「日本がもし空襲されたら」とセットになっており、つまり少年版と少女版ということなのだった。

以上のようなことから、『少女倶楽部』や『少年倶楽部』といった雑誌が――というよりも社会が少年少女に関心を持たせようとした軍事的な問題はというと、新しい戦争が起こって日本が空襲を受けるかもしれないということだった。しかしそのころ、日本は中国と戦争をしているのではなかったか。アメリカやイギリスとの未来の（架空の）戦争に関心が向いてしまって、現実の中国との戦争は忘れられていたのだろうか。忘れてしまうような状態になっていたのだろうか。決してそうではないだろう、平田は『少年倶楽部』一九三三（昭和八）年五月号には「私の見て来た支那の陸海軍」を、五月号の『少女倶楽部』には「熱河と支那兵の話」を掲載しているのだから。

日中戦争の中休み？――平田晋策「熱河と支那兵の話」

『少年倶楽部』一九三三年五月号は「愛国大会号」と名付けられていて、軍事色が濃厚なのだが、わたしがいちばんびっくりした記事は平田の「私の見て来た支那の陸海軍」だった。この記事は主として、平田が〈寧海《にんはい》〉という中国の軍艦を見学したときのことが書いてある。

私は二月の末の一日、この『寧海』軍艦を見に行きました。その日は冷たい雨が降って、上海の南を流れる黄浦江には、ザワ〴〵と三角浪が立つてゐました。(中略)

艦長の高大佐は、日本人そつくりの顔をしてゐました。

『平田さん、よく来て下さいましたね。小さい軍艦ですが、これは、わが海軍では一番強い艦ですよ。』

『これからは、もつと大きいのをどん〴〵造つて下さい。支那の海軍が立派になれば日本も安心ですよ。我々は同じ東洋人ですからね。どうしても、これからは一緒になつて、仲良く東洋の海を守らねばいけませんよ。』

日本と中国は確かこの少し前までは、まさに上海で戦っていたはずである（第一次上海事変）。それなのに、これほど〈友好的〉であるとはどういうことなのか。

こういう疑問を抱いたのは後世のわたしだけではなく、当時の少年少女も同じだったのではないだろうか。当の平田が、『少女倶楽部』五月号の「熱河と支那兵の話」のなかで中国軍が全体として組織化されていないことを語っているのだが、このことは日本と中国との戦争がいわば部分的なものにとどまっていることの説明になっているようである。

この記事は少女と平田との対話という形式で書かれており、記号の「○」は少女を、「△」は平田を表わしている。平田のこういう解説記事は対話形式が多いが、これは平田の好みのスタイルだったのだろうか、それとも編集部の要請によるものだったのだろうか。

○『先生は、今度支那へいらしつたんですつてね。』
△『えゝ、上海や南京へ行つて来ましたよ。』
○『まア、先生怖いことなかつたのですか。』
△『怖いことなんかあるものですか。別に敵国ぢやありませんからね。支那の海軍は大変歓迎してくれましたよ。』
（中略）
○『だつて、去年上海で戦争したんでせう？』
△『いゝえ、あれは十九路軍といふ乱暴な陸軍の兵隊です。海軍は上海事変のお終ひまでとう〱戦争しなかつたのです。』
要するに中国軍は、すべての戦力が一体化していないというのであり、平田はこの対話の引きつづく部分で、以下のようにも言う。
△『何しろ兵隊の数は二百万もあつて世界一だけれど、武器は揃つてゐないし、服装だつてまち〱だし、何が何だかよく分らないのです。日本の軍隊が「国

家の軍隊」だから、支那の軍隊もやはり「国家の軍隊」だらうなんて思つてゐたら大間違ひですよ。支那の陸軍は、蔣介石の兵隊はどこまでも蔣介石の兵隊、閻錫山の軍隊はどこまでも閻錫山の軍隊で、丁度日本の戦国時代のやうに、将軍達が自分勝手に、めいめいの兵隊を持つてゐるのです。』

確かにそういう面はあったのだろう。現在のわたしたちは〈日中戦争〉などという名称を使うものだから、つい中国側の態勢までがずっと一本化していたような錯覚に陥ってしまう。ただしこの平田の認識が絶対的に正確だったわけではない。たとえば平田が「乱暴な陸軍」で片づけている「十九路軍」は共産軍であり、その共産軍の勢力拡大を平田は見ていない。中国軍についてのこういう平田の安易な認識は、日本軍の認識でもあった。そしてそういう認識は、おとなたちはもちろん、少年少女にも伝えられ、日本人の常識となっていたのである。

そういう状況からして、一九三七（昭和一二）年の日中全面戦争に至るまでは、日本は中国軍を見くびり、中国全体を簡単に支配できるような気持ちになっていたと思われる。

日米戦争は近いか遠いか

『少女倶楽部』でアメリカ機による空襲が描かれていた一九三三（昭和八）年の『少年倶楽部』五月号に、海野十三《じゅうざ》の「太平洋雷撃戦隊」という短編が掲載されている。五隻からなる日本の潜水艦隊の物語である。

この五隻の〇号潜水艦が、横須賀軍港を出たのは、桜のつぼみがほころびさうな昭和〇年四月初めでありました。それからこつちへ、もう一月ちかい日数がたちました。その間。どこの軍港にも入らないし、島影らしいものも見かけなかつたのでした。

つまり中国との戦争をやっている一方で、日本の潜水艦隊が秘密の任務のもとに太平洋において長距離の航海をしているという設定である。艦隊はハワイの東方二千キロ（つまりアメリカ本土とハワイの中間）にまで進出したところで、乗組員はその任務を知らされる。ハワイの軍備強化のために、アメリカの東海岸からパナマ運河を通って、大商船隊により兵員や兵器が送られて来るのが分かった。それらがハワイに到着しては日本にとって大きな脅威なので、潜水艦隊は商船隊を撃滅するというのである。もちろんこの攻撃は戦闘行為になる。だから攻撃を前にして、「大元帥陛下には、只今、米国に対して宣戦の詔勅を下し給うた」のだった。

この作品は、日本とアメリカが開戦するという設定のもので、〈日米未来戦〉物の一つである。大正期に書かれた宮崎一雨の『日米未来戦』（大日本雄弁会、一九二三）をはじめ、〈日米未来戦〉物と呼ぶべき作品はいくつかある。しかし一雨の『日米未来戦』かそうであるように、大正期の〈日米未来戦〉物がおおむねフィリピンを舞台とし、日本とアメリカがフィリピンの領有を争うといった設定であるのに対して、「太平洋雷撃戦隊」は太平洋のまんなかで軍事行動が行なわれる。しかも地理的に主要な意味を持つのはハワイである。日本とアメリカの対立は、フィリピンを舞台にしたころよりいっそう露骨なものとなってきている。

この「太平洋雷撃戦隊」は日本軍が積極的にアメリカを攻撃するのだが、一方において日本本土がアメリカ空軍の空襲を受ける——つまりアメリカが日本を攻撃するという作品や記事もさらに生まれている。

『少女倶楽部』掲載のものとして、平田晋策の「日本がもし空襲されたら」や、野村愛正の「防空第一戦」、『少年倶楽部』には、平田の「若し日本が敵の飛行機に襲はれたら」があることはすでに紹介した。

こういう作品群を見ていると、中国との戦争への関心はまったく薄くなっているように思える。なにか、日本の中国支配は既成事実となっているかのような感じなのである。そして今では日本とアメリカが世界の覇権を争うのだという気分が、少年雑誌、少女雑誌にも溢れていたと受け止められる。

もちろん実際の日米戦争が始められたのは一九四一（昭和一六）年のことで、一九三三年当時からすれば、十年近く後のことである。したがって、日米戦争の危機を訴えつつ、それはまだまだ未来のこととして、戦争を仮想している気配すらある。平田晋策の「若し日本が敵の飛行機に襲はれたら」は例によって少年と叔父との会話として書かれているが、そのなかに以下のような部分がある。

△『叔父さん、もし今度戦争があつたら、アメリカはきつと、東京を飛行機で襲ふでせうね』

○『それは分らない。第一、帝国とアメリカとが、戦争をするかどうかも分らないではないか。しかし、もしも万一不幸にして戦争が起つた時は、作戦上アメリカの空軍は、東京を襲ふかもわからないね』
△『その時には、東京は滅茶々々に焼けてしまふのですか』
○『そんなことはない。帝国には精鋭な海軍もあれば、優秀な空軍もある。むざ〳〵帝都を敵機の餌食としてたまるものか』
△『それぢや、アメリカの空軍は全滅するんですか』
○『さう慌ててはいけない。これから叔父さんが空中戦といふものが、どんな風に行はれるかを話して上げよう。さうしたら、帝国空軍が勝つか、アメリカ空軍が勝つか、自然に分つて来るだらう。しかし、これから話《はなし》することは作戦のことだから、本当にアメリカと戦争したいなどと思つてはいけないよ』

中国については無視ないし軽視が見られる一方で、仮想敵国としてアメリカを強く押し出しているのがこの時期なのだが、しかしまだ本当の意味で対米戦争が身近に迫ってはいなかった。そのことはたとえば、戦争扇動家みたいな平田が、まだ「本当にアメリカと戦争したいなどと思つてはいけないよ」と言っているところなどにも見られるのだが、アメリカという国名がそのまま使われているところに、対米戦争が具体的になっていないことが示されていると思う。

一九三〇年代の後半になると、平田の創作作品においてすら、実際の国名の表示が許されなくなる。たとえば『昭和遊撃隊』や『新戦艦高千穂』においては、アメリカは「A国」とされる。だから平然と実在の国名を使っていた時期は、まだその相手国との戦争は遠いものだったのだ。

仮想の戦争と実際の戦争

平田晋策の「日本がもし空襲されたら」や、野村愛正の「防空第一戦」は、その時点で想定される空襲のプロセスをかなり細かくとらえていて、少女雑誌にここまで書かれていたのだと、いささか感心させられるところさえあるほどである。ただし、実際の戦争の場合にその想定どおりになったかどうかというのは、別の問題である。「日本がもし空襲されたら」には、攻撃機を飛ばそうとする敵の航空母艦を早く発見することの重要性が、たとえば以下のように説明されている。

伯父　敵の航空母艦はなるべく沖の方から飛行機を飛ばさうとするだらう。百浬も百五十浬も沖だと、夜なんか一寸《ちよつと》探し出せない。しかし、日本は出来るだけ早くこの航空母艦を発見して、東京の空へ敵の空軍が攻めて来ない中に、途中で防いでしまはなければならないのだ。それには先づ偵察や見張りを厳重にするのが第一だらう。だから東京湾のずっと沖の方へ軍艦や、潜水艦や、飛行艇や飛行機が沢山出て行つて海上に一寸でも怪しい船の影が見えやしないかと、とても厳重に警戒するんだ。

このほか、計画されている防空システムが細かく述べられているのだが、それが本当の戦争の際にきちんと機能したかと言えば、まったくそうではなかった。実際の日米開戦後、日本が最初にアメリカ空軍の空襲を受けたのは、一九四二（昭和一七）年四月十八日で、航空母艦から発進した十六機の中型爆撃機によるものだったが、日本側は侵入した爆撃機を一機も撃墜することができなかった。軍は最初「九機撃墜」と発表したのだが、撃墜された飛行機を誰も見なかったから、「クウキ（空気）撃墜」と陰口がきかれたという。

政府や軍は何年も前から、少年少女の雑誌まで使って、全国民的な防空キャンペーンを展開していたのに、防空システムはまったく機能しなかった。政府や軍のやってきたことは、空騒ぎでしかなかった。

さて、一九三三(昭和八)年を中心に日本の軍事体制を見てきたのだが、同じ年にジャーナリスト桐生悠々《きりゅうゆうゆう》が政府や軍をまっこうから批判したこと、つまりまったく例外的な行動を取ったことを、述べておきたい。これは少年少女の雑誌の問題ではないが、たとえば平田晋策の昭和八年像とは大きく異なる八年像のあったことを示しておきたいからだ。

その年八月、政府や軍は地域の住民全体を巻き込んで、「関東防空大演習」という非常に大規模な演習を実施したが、『信濃毎日新聞』の主筆である桐生悠々は、同紙に以下のような部分を含む「関東防空大演習を嗤《わら》ふ」という論説を書いた。そして軍へのそれらの批判ゆえに、悠々は退社に追い込まれるのである。

将来若し敵機を、帝都の空に迎えて、撃つようなことがあったならば、それこそ、人心阻喪の結果、我は或は、敵に対して和を求むるべく余儀なくされないだろうか。何故なら、此の時に当り我が機の総動員によって、敵機を迎え撃っても、一切の敵機を射落とすこと能わず、その中の二三のものは、自然に、我が機の攻撃を免れて、帝都の上空に来り爆弾を投下するだろうからである。そしてこの討ち漏らされた敵機の爆弾投下こそは、木造家屋の多い東京市をして、一挙に、焼土たらしめるだろうからである。

（『信濃毎日新聞』昭和八年八月十一日付。『日本平和論大系 9 桐生悠々』日本図書センター、一九九二、からの引用。仮名づかいは引用書による。）

桐生悠々が述べている空襲時の破綻状況は、もちろん現在の目で見れば控え目もいいところである。しかし悠々の予測の延長上に、全国焼土化という日本の現実があったことは間違いない。

第三章

支那事変に突入する

関心は空襲――海野十三「愛国小説　防空戦線」

一九三七（昭和一二）年七月七日に、北京郊外の盧溝橋《ろこうきょう》で日本軍と中国軍のあいだでトラブルが発生した。ごく小さなできごとだったのだが、さらなる中国支配を目指していた日本軍は、それをきっかけに全面的な攻撃を開始した。これ以降の中国との戦争を日本は〈支那事変〉と呼んだ。日中全面戦争の始まりである。

ところで、支那事変が開始された直後の『少女倶楽部』九月号に、海野十三《じゅうざ》の「愛国小説　防空戦線」という短編が掲載されている。東京が「○○国」の空襲を受け、さまざまな犠牲が出る状況を、チヱ子という少女の一家を中心に描いたものである。

この作品で注意しなければならないことの一つは、東京を空襲する敵の国名が明示されず、「○○国」とされていることである。すでに述べたように、これまではアメリカ機が空襲するといったふうに、国名をはっきり示した作品が掲載されていた。それなのにここへきて、国名の明示が許されなくなったのである。なお、この作品の「○○国」はソ連であって、それは簡単に読みとれるのだから、○○などという伏せ字はまったく形式的なものである。

注意すべき点のもう一つは、この作品の冒頭におかれているリードの表現で、以下のように書かれている。

> 今は日本の非常時、一度戦ひが始れば敵機は翼を連ねて祖国の空を襲ふ！
> 空襲の恐しさ　愛国の心に燃ゆる日本の少女方は空襲に備へる覚悟が必要です。
> この一篇は是非御熱読下さい。（傍点、長谷川）

この「防空戦線」は、七月七日以前の執筆だろうから、内容的に間の抜けたものになっているが、そのことはどうでもよい。問題は、「一度戦ひが始れば」とあることで、つまりこの表現は、支那事変直前の時期において、日本人には〈いま戦争をしている〉という意識がきわめて薄かったことを示している。この作品の末尾には、「東部防衛司令部検閲」とあるのだが、そのことは軍が空襲の危険を訴えるという形で、国民の戦争への関心を維持し、あるいは高揚させようと必死だったことを意味していると考えていい。

七月七日以降の日中戦争が『少女倶楽部』に反映してくるのは、十月号の「グラビア　日支事変大画報」と「日支事変感動美談集」からである。ここでは戦争の名称が〈日支事変〉となっている。また、〈北支事変〉という呼びかたもあった。『少女倶楽部』においては十一月号から〈支那事変〉という名称が使われるが、これは〈支那事変〉が日本側の正式の名称となったことによる。

千人針と慰問文と

戦争についての物語なり記事なりはもちろん重要だが、『少女倶楽部』に目を通していてわたしが強い印象を受けたことの一つは、広告への戦争の反映ぶりだった。たとえば十月号の〈ヨット鉛筆〉の一ページ広告と、十一月号の〈トンボ鉛筆〉の、同じく一ページ広告がそれである。

1937(昭和12)年11月号

1937(昭和12)年10月号

〈ヨット鉛筆〉の場合は、商品名を除いてコピーがまったくない。銀座だか丸の内だかのビル街を背景に、若い女性がふたりの女学生に千人針の作業を依頼している場面だけが描かれている。できあがったとき、その千人針は若い女性の兄にでも渡されるのだろうか。鉛筆と千人針とには直接の関係はないから、この広告は商品が何であっても通用する。つまりこの広告は、少女たちに対して、できる形で戦争に協力するよう訴えた広告でもある。つまり商品についての広告であると同時に、少女たちへのアジテーションが狙いでもあるように思われる。

これに対して、〈トンボ鉛筆〉の広告のほうは、文章も美術も、いわば饒舌である。画面の中心になっている三本の銃は、〈叉銃《さじゅう》〉と呼ばれる形で組み立てられている。叉銃とは、銃を交叉させて置くというところから生まれた用語だろう。叉銃は兵士が休息中であることを示すから、この画面は兵士を直接には登場させずに、兵士に語りかけるという情景を表現していることになる。そして以下のようなコピーで、兵士に便りを書いている少女（こちらもその姿は見えない）の状況を暗示している。

戦ひ済んで日が暮れて…
銃剣傍へに憩ふ夜
慰問袋のお手紙に
『お便り下さい　兵隊さん
トンボ鉛筆送ります
こちらも秋になりました』

この二つの広告の表現方法は異なるのだが、しかし少女たちに戦争への協力を促すこと、それぞれの場で自分のできることで協力せよと求めることにおいて共通している。

アジア太平洋戦争の末期には、高等女学校の一、二年生という低年齢の少女たちまでが、さまざまな勤労に動員された。むろん動員されたのは少女に限ったことではなく、すべての人間、すべての物資が統制され、動員された。そういうことを定めた〈国家総動員法〉が制定されたのは一九三八（昭和一三）年のことだが、この二つの広告はそういった状況を先取りしていたと言っていい。

〈感動〉を要求する――「支那事変感動美談集」

三七年十二月号には、戦争に直接関係する記事として、「支那事変感動美談集」がある。これは三編の〈美談〉を集めたもので、それぞれのタイトルは以下のとおり。

「壮烈・爆弾体当り　花と散つた梅木伍長」
「戦友よ！　ありがたう　辱し『頭上の橋』」
「俺も行くぞ！　敵前五十米の友情」

このうち「戦友よ！　ありがたう」は、工兵隊の兵士たちが裸で川に入り、味方の渡河を助けたというもので、取り上げるに値するようなものではない。あとの二つは、兵士が悲惨な戦死を遂げるできごとを扱っている。

「壮烈・爆弾体当り」を例として、美談のスタイルや問題点を見てみよう。こう書き出されている。

十月十一日の夜、わが軍が京漢線の要地、美化鎮の敵を攻撃した時です。
敵は厚さ二米の堅固な城壁により、機関銃の銃口をそろへて雨あられと乱射してきますので、さすが勇猛なわが軍も、容易に進めません。

その時、戸井田部隊長は一同を振り返つて、

『誰か爆弾を持つて行つて、あの城壁を爆破してこい。』

と命じました。その声がまだ終らないうちに、

『私が参ります。』

といつて進み出たのは、梅木工兵伍長をはじめ、菅野、皆川、田口、奥山、井上の六勇士です。

『よし、しつかりやつてこい。』

『誓つて任務を達します。』


そう言って出発した六人の任務は、敵の攻撃で成功しなかったように見えたが、死んだと思われた梅木伍長が、「火を噴く爆弾を小脇に抱えて突進し」、爆弾もろとも城壁にぶち当たって任務に成功した。「爆弾とともに自分の身を花と散らした伍長は、一片の肉も跡に残しませんでした」とされる。これはすでに述べた〈肉弾三勇士〉とまったく同じ構造の〈美談〉であり、それを繰り返しているだけのもので

である。

「俺も行くぞ！」のほうは、上海の呉淞《ウースン》クリーク付近での激戦において、伴田伍長と林田伍長というふたりの兵士が、任務を果たしたあと、ふたりとも戦死したことを語っている。そして伴田伍長とは〈友田恭助〉として築地小劇場で活躍した名優だったことを明らかにする。確かに友田恭助は上海で戦死した。

さて、これらの〈美談〉ができあがるメカニズムはどういうものだったろうか。だれが体験したか、だれが目撃したか、だれが記録したか、そして最後に、だれが子どもに向かって語ったか。

「壮烈・爆弾体当り」など三編の執筆者は久米舷一となっている。久米はのちに〈元二〉と名前を変えた人で、子どもの読物の分野で大量の仕事をした。その久米が、自分で最前線の〈美談〉を収集することは不可能だったはずだ。また、「火を噴く爆弾を小脇に抱え」などというでたらめな情景一つを見ても、〈美談〉のほとんどがでっちあげられたものであることは明らかだ。こういう戦争に関わる〈美談〉を子どもの世界にばらまいたのは『少女倶楽部』に限らないが、『少女倶楽部』もまたばらまく側の一員だったということである。

戦争美談とは何かということについて、わたしは著書『日本の戦争児童文学』（久山社、一九九五）において以下のように述べた。

美談においては、忠実さ、忍耐心、思いやりなどが称えられもするが、最大の価値を与えられているのは、死をものともせずに勇敢に戦うということである。そしてその結果としての死は、すべて栄光につつまれているように表現される。つまり無残な死も空しい死もないというわけだが、むろんそれは現実に反することだった。

こういう美談が子どもに向けて次々に流されたのには、おそらく二つの理由がある。一つは、遠からず軍人、兵士となる子どもたちに、そういう価値観を植えつけるためである。もう一つは、子どもたちの父や兄の死を、価値あるものとして飾ることによって、反感や不満の起こるのを防ぐためである。他国の領土内での侵略戦争において、相手側の強い抵抗で日本兵がばたばた悲惨に死んでいるなどといったことは、政府も軍も決して語ることはできなかった。

軍も政府も〈美談〉の材料を大量にマスコミに流し、マスコミはそれをそのまま子どもたちにも伝えた。軍や政府の圧力が大きく、マスコミがそれに抵抗できなかったという面はあるが、しかしマスコミの側にまったく責任がなかったとは言えない。たとえば講談社は、〈戦争美談〉を子どもたちに対しても送り出すことにおいてきわめて熱心だった。その講談社はずっと後になって、たとえば一九三七（昭和一二）年の状況についてこんなことを書いている。

中国大陸での日本軍と中国軍の戦争の勃発は、この年の雑誌の世界を〝戦争一色〟にぬりつぶした。

まず登場したのは、速報力をもつ新聞社系週刊誌の増刊だった。「週刊朝日・アサヒグラフ」７月30日号の「北支事変画報（第一集）」を皮切りに、「サンデー毎日」８月10日号の「北支事変画報（第一集）」とつづき、両誌とも年内だけでも10冊前後の「画報」を発行して、ビジュアルに戦争をつたえた。

（『講談社の80年』）

この記述のなかの「ビジュアルに戦争をつたえた」には、注意が必要である。記者やカメラマンがとらえたもののうち、軍や政府に都合の悪いものは発表を許されなかったのだから。たとえば『一億人の昭和史　10　不許可写真史』（毎日新聞社、一九七七）には、アジア太平洋戦争の期間において発表が不許可となった写真が集められている。

一九三七年の戦争報道の全般状況についての『講談社の80年』の記述はそのとおりなのだろうが、しかしこれは、いわゆる「顧みて他を言う」のたぐいだろう。たとえば講談社は、大量に発行した〈講談社の絵本〉シリーズによって、特に小学校低学年の子どもたちにまで、美化された戦争を「ビジュアルに」伝えることにおいて突出していた。

「長期戦となりました」――陸軍大将　松井石根「戦地より還りて」

一九三八（昭和一三）年五月号に、「陸軍大将」という肩書きの松井石根《いわね》が、「戦地より還りて」という、四ページの感想文を載せている。松井本人が執筆したとは思われないが、ここに述べられている事柄自体には、松井個人の気持ちのみならず、日本軍全体の思いが率直に示されていると言える。この文章は五月号に掲載されたのだから、だれが実際的に執筆したにせよ、三月くらいには文章になったのだろう。すなわち、執筆時点は松井が「半歳ぶりに」中国から帰還した直後のことである。

松井は一八七八（明治一一）年の生まれで、一九三五（昭和一〇）年に予備役となった。当時の感覚からすれば松井は〈老将軍〉だが、日中戦争の拡大にともなって現役に復帰し、上海派遣軍司令官、中支那派遣軍司令官という重要な任務についた。こういう経歴が松井の人生に大きくかかわることになるが、それは後のことである。

さて、予備役から引っ張り出された松井の経歴は、日露戦争当時の乃木希典《まれすけ》のケースを思い起こさせる。栃木県の那須に引退していた乃木は、現役に復帰し、遼東半島の旅順を攻撃する第三軍の司令官となった。この司令官としての乃木の評価は、第三軍が莫大な犠牲者を出したことで、今日に至るまで大きく分かれている。

さて『少女倶楽部』への松井の執筆だが、どういうきっかけがあったのだろう。講談社の関係者になんらかのつながりがあったのだろうか。松井の側（日本軍の側）に少年少女に訴えたいことがあってなんらかの便宜を得たからなのだろうか。

その訴えたいことは主として二点あって、一つは長期戦になったという認識と、もう一つは国民に戦争に対する緊張感が足りないという不満である。この二点について言いたいために、あるいは松井は『少女倶楽部』への執筆の便宜を得たのかもしれない。

〈長期戦〉になったという松井の認識（日本軍の認識でもある）は、支那事変が一九三七（昭和一二）年七月七日に盧溝橋で引き起こされてから半年ちょっとしかたっていない時点のものであることに注意が必要だろう。すなわち日本軍（および政府）は、開戦からせいぜい半年くらいのうちに、中国において一定の支配圏を日本のものとして確立するつもりだった。ところが〈満州〉を短期間で支配したときとは違って、今度は中国側の抵抗が強烈であり、日本側の犠牲も非常に大きくて、「長期戦となりました」と嘆息することになったのである。

松井のもうひとつの感想は、中国から帰国した松井の目に映った、日本の国民の〈気分〉である。

この度、私は半歳ぶりに帰国して国内の様子を一見いたしますのに、一般の空気に、どうも日露戦争当時のやうな戦争気分が見られない心地がします。あるひは当時とは国情も違つてゐるので、これだけのゆとりがあり、落着があるためかもしれません。それなら結構ですが、万一さうでなく、国民が支那を軽んじたり勝に誇つて安心してゐるやうな気合があつたとすれば。それこそ由々しき大事と考へられます。

松井のこの感想、あるいは少女雑誌の読者への要望は、ずいぶん身勝手なものである。中国に対して短期的に勝利を得られるという見通しは、そもそも軍の安易な判断だった。安易な判断だったからこそ、やがて日本を破滅させることになる戦争に軍はのめりこんでいった。それなのに容易に勝利を得られず、あるいは大きな犠牲を払わなければならない事態になったため、慌てて少年少女にまで檄を飛ばすことになったのだった。もっとも日中戦争全面化二年目の段階では、まだ日本の破滅の行く先は見えていない。それでも中国側の予想外の反撃の強さを身にしみて感じた松井は、だからこそ、少年少女にも訴えた。

松井は第二次世界大戦後の東京裁判（極東国際軍事裁判）において、〈南京大虐殺〉を中心とした戦争犯罪の責任を問われ、死刑となった。国民にハッパをかけた松井にしても、ハッパをかけられた国民にしても、戦後にそういう結果が待っているとは、夢にも思えないことだったろう。

従軍看護婦たち（1）――「白衣の天使にお話を聞く」

一九三八（昭和一三）年六月号に、海野十三の「航空小説　翼折るゝとも」が、また一九三九（昭和一四）年新春増刊号には清閑寺健《せいかんじけん》の「あゝ軍神西住大尉」という読物が掲載されている。ここに挙げたのは一、二の例に過ぎないが、〈戦争〉が当面の最大の問題である以上、少女雑誌と言えども内容は少年雑誌とそれほど大きく違ってはいなかった。

しかし、戦争を背景としつつ、なおかつ少女を主要な読者対象とするものがなかったわけではない。〈看護婦〉にかかわる読物などがそれに当たり、それらには少女たちを看護婦、特に従軍看護婦に誘導するという役割が担わされていた。

その役割に関連して、たとえば一九三八（昭和一三）年八月号に掲載された「尊い任務を尽くして戦線から帰られた　白衣の天使にお話を聞く」（以下、「白衣の天使にお話を聞く」と略す）というタイトルの、四人の看護婦の体験談や、一九三九（昭和一四）年十月号の清閑寺健の創作「ほまれの赤十字」という、上海を舞台にした読物があり、どちらも読者（少女）にとっては、戦争にかかわる新しい事柄を伝えるものであったと思われる。すなわちここで取り上げる二つのものは、いずれも一九三七（昭和一二）年八月に始まった上海での大規模な戦闘（第二次上海事変）にかかわっている。

「白衣の天使にお話を聞く」において、語り手となっている四人の看護婦は、この時点では「第一陸軍病院」（現・新宿区戸山の国立国際医療研究センター）に所属するようだ。

さてこの体験談の問題点は、〈伏せ字〉が多いことである。そのことが看護婦たちの語り（報告）の表現における特性をなしているが、この特性は記事のすべてが軍によって規制されたものであることを意味している。もっとも、規制はするが、同時にその活動を読者に伝えることを必要としてもいるのである。

公文　○○で○○といふ海軍の○○船に乗りました。その船は一度敵機の襲撃を受けたことがございましたので、その時の跡など見せていたゞいたのですが、それでも波は穏やかでとても戦地へ進んでゐるやうには思へなかつたのです。ところが上陸の朝になつて船は予定の○○へは着かない。進路を変へると聞きました時は、ハツと身の引きしまるのを覚えました。

また、こういう伏せ字をともなう記述もある。

公文　いざ上陸といふ○○へ着いた時は嬉しうございました。碇泊中の軍艦の水兵さん達が手伝つて下さつて上陸しますと、すぐ○○の自動車で○○病院へ運ばれたのですが、暗くなつては危ないといふので、大いそぎでした。○○には苦力は一人も居ないし、普通の人はなおさら居りません。

この看護婦たちが上陸したのは上海だと思うが、その地名がなんで隠されているのかというと、根本的には上海において日本軍に大きな犠牲が出たことを隠すためとしか考えられない。第二次上海事変における日本軍の犠牲者は、戦死者九一一五

人、戦傷者三万一二五七人とされている。（太平洋戦争研究会『太平洋戦争・主要戦闘事典』ＰＨＰ研究所、二〇〇五）

だとすれば、こういう伏せ字だらけの記事を掲載するくらいなら、掲載を取りやめてしまえばいいはずである。しかし軍は、こういう形であっても、あえて前線の看護婦の状況について、読者の少女たちに伝えることに固執した。従軍看護婦業務という仕事の状況を伝えることによって、戦争への関心を高めようとしたのである。そのねらいは、松井石根の文章にあったような、国民に緊張感が足りないという不満に対応しようとする、軍の広報策の一端だったということになるだろう。

なお、公開を認められた看護婦たちの発言には、今日の時点でもきわめて大きな意味を感じさせるものがある。

斎藤　私は九月一日の夜十時ごろ召集を知りました。丁度その日は出張診療の準備で帰が遅かつたのでございますが、父が途中まで迎へにきてくれました。どこか様子が違つてゐるので聞かない前から召集だと感じました。すると父は『弾丸の来る戦地へ行くのだが覚悟はよいか。』と申します。もとより待ちうけてゐた事でしたので、『あゝうれしい。』と申しますと、父も『その気持なら。』と大そう喜んでくれました。

記者　立派なお覚悟ですね。いつ御出発でした。

斎藤　翌二日の夜八時までに支部へ集れといふことで、午前中は準備やら御挨拶廻りやらで忙しうございました。伯母の家へ行きましたら、伯父が臨終の間際で、やつと最後のお別れをする事が出来ました。何だか夢のやうでございました。出発の時は、町の人達や婦人会その他たくさんの方々が旗を振つて万歳々々と盛んな見送りをして下さいましたので、戦地へ行くのだといふ気がしました。

戦地（中国）での職業生活や日常生活について、次のように語られているのは興味深い。もっとも、記者の誘導の気配が強いのだが。

記者　戦地で日本の少女の純情に感心したやうなお話もございませうね。

斎藤　病院では○○在住の少女達が幾人も働いて居りましたが、みんなよくやつて居りました。又、内地の少年少女からくる手紙や慰問袋は、病床にある傷病兵にも、勤務をする兵隊さんにも、何よりの慰安となり、激励となりました。美しいその純情には傍の私達も泣かされるほどでした。図画や作文などもみんな大喜びした。

記者 看護婦の方々にも慰問袋やお手紙は行きましたか。

佐藤 えゝ、幾度も少女達からいたゞきましたが、どれも無邪気な可愛いお手紙でみんな笑ひました。こんなのがございました。

『看護婦さんも戦地でお忙しいでせうが私達も入学試験の準備でとてもいそがしいのです。』といふのもあれば、『看護婦さん、今のうちは皆様しつかり頼みます。私達も大きくなつたら看護婦さんになつてまけない働きをいたします。』といつたのもあるといふ工合でした。

看護婦さんにといつて、クリームや櫛やピン、紙風船やらカレンダー、ソックス、小さい人形などを入れた慰問袋をいたゞいたことがありましたが、何も買ふ事のできない所に居りましただけに、実に嬉しうございました。

ここに登場している看護婦たちは、「召集」されて戦地へ赴くが、その様子は男子が兵士として召集された場合と同じである。つまり彼女たちは単なる〈看護婦〉ではなく〈従軍看護婦〉なのだ。こういう強制的な仕組みは何に基づくのかと疑問に思い、亀山美知子著『近代日本看護史　I　日本赤十字社と看護婦』（ドメス出版、一九八三）を読んでみたところ、以下のようなことを知った。

すなわち、二十条から成る「日本赤十字社看護婦養成規則」なるものが一八八九（明治二二）年に制定されており、その第二条はこうなっている。

第二条　看護婦生徒ヲ志願スル者ハ修学年間専ラ之ニ従事シ且ツ卒業后二ケ年間病院ニ於テ看護婦ノ業務ニ服シ後二十年間ハ身上ニ何等ノ異動ヲ生スルモ国家有事ノ日ニ際セハ速ニ本社ノ召集ニ応シ患者看護ニ尽力センコトヲ誓フ可シ

だからこそここに登場する看護婦たちは、召集を受けて慌てて出発していったのだった。

つまり日本赤十字社（の看護婦）は、そもそもの最初から軍隊をサポートする役割を負わされていたのだった。

清閑寺の「ほまれの赤十字」は、タイトルからして赤十字社の活動を全面的に描いたものかと思ってしまうが、内容はまったく異なる。これは、上海に在住する岩井という音楽家の一家が、家族全員で日本軍に協力するという作品である。以下のように書き出されている。

戦火の下

ぱつと砂けむりがあがると、すぐ、黒煙があたり一面を包んでしまひました。
『あつ、お姉さん、大丈夫？』浄子《せいこ》はおもはずうしろをふりむきました。
黒煙は見るまにさけて、まつかな火柱が風をよんで、空をこがしてゐます。
『大丈夫！　浄ちやんこそ――』
見あはせた姉と妹のひとみは真剣でした。
しつかりにぎりしめた担架は、汗でじつとりぬれてゐます。
昭和十二年八月九日、上海虹橋飛行場のちかくで、大山大尉が支那の保安隊員に射殺されてから、たちまちおそろしい戦火は上海にもえうつつたのでした。数万の支那兵にとりかこまれたわが海軍陸戦隊がとう〳〵かんにん袋のを切つて、戦ひを開始したのが十三日の午前九時。翌十四日には数台の支那飛行機さへあらはれて、例のメチヤクチヤなめくら爆撃をはじめました。敵機は小しやくにも黄浦江上の旗艦○○をねらつて空襲してきたのです。もちろん○○はびくともしませんが、日本租界はだいぶ被害を受け、日本総領事館は爆弾のため一部がこはされました、

戦ひがはじまるとすぐ、浄子の一家は、四川路から日本人小学校に避難してきました。

『祖国の名誉のために、われ〳〵はあくまでも戦はねばならぬ。日本租界は自分たちの手でまもらう。』

と、音楽家である父貞鷹と兄の貞雄は、楽器をすてて銃をとり、義勇軍に加はつて、わづかの陸戦隊とともに敵を一歩でも租界内にふみこませまいと、防備につとめたのでした。

そして、浄子は姉の清子とともに、篤志看護婦を志願して、戦火のちまたを

かけまはつてゐるのです。いまはもう、なにを恐れることもない愛国の熱情が、
浄子の十九の心にもえてゐました。

「ほまれの赤十字」は「白衣の天使にお話を聞く」と同じ一九三七（昭和一二）年秋の上海の状況を語っているのだが、二つの語りは大きく異なっている。たとえば「白衣の天使にお話を聞く」には多数の伏せ字があるのに、「ほまれの赤十字」には、「旗艦○○」の一つしかない。とりあえずは、日本軍の上海支配が安定して、伏せ字ですべてを隠す必要はなくなったということだろう。

岩井一家は、父親と母親、ふたりの息子、ふたりの娘の六人家族だが、第二次上海事変の当時、全員で日本租界の守備などに協力する。すなわち、男性三人は義勇隊に、母親は兵站部に、そしてふたりの娘、清子と浄子は篤志看護婦となる。下の娘である十九歳の浄子は、姉とともに慣れない看護婦の生活に入った。

生まれて始めての看護生活――戦場のまつたゞ中の野戦病院には、夜ひるの区別とてない。ごはんを食べるひまさへない。敵弾が、ひつきりなくふりそゝ

ぐ中に、傷ついた兵隊さんの汚物のせんたくから、包帯まき、検温、食事、手あてのおてつだひ、それらは名門出の令嬢の身には思ひもまうけぬことではあつたが、

『これもお国のため、この身体のつゞくかぎり看護してさし上げねば……』

「ほまれの赤十字」は、岩井一家が全員で日本租界の防衛に献身する話であるというふうに読める。一家以外の日本人の姿はあまり現われないので、日本人たち全体の状況ははっきりしない。はっきりしているのは岩井一家だけだが、一家のなかでも中心は浄子であることがだんだんわかってくる。


だれもがいふように、浄子が室に入ると、白衣の勇士たちは、きずの痛みもわすれて、ほがらかな笑ひは室中をゆさぶるのです。

空から舞ひ下つたうるはしい天使――


その天使は、原因不明の熱病にかかってしまう。「昭和十三年六月二五日、上海

戦線にかをるうるはしい花一輪の岩井浄子嬢は十九歳のうら若さでこの世を去つていつたのです。」

こうなってくると、しかし、この作品は上海戦を語ったものでも、岩井一家を語ったものでもないという感じがしてくる。つまるところ、浄子という「天使」の物語なのだ。

そういうことを考えていて、思いついたのがフローレンス・ナイチンゲールだった。若い女性を「戦場の天使」に例えるのはフローレンスから始まっているのでは？　もっとも、フローレンスは九十歳という長命だったから、浄子とは全然違うけれど、しかし「クリミヤの天使」などと呼ばれたことのイメージは、浄子に映されているだろう。そうなってくると、「浄子」という名前のイメージ――「清浄」も無視できない。さらに姉の名前は「清子」である。作者はよほど、清らかな女性たちというイメージにこだわりたかったらしい。

つまり、「ほまれの赤十字」とは、浄子を指すと思わなければならないだろうが、これでは「赤十字」ということばの使い方があいまいなものになってしまう。つまり当時の人々は、医療とか看護とかいう意味で「赤十字」を使うことがあったのだろう。

　ともあれこの作品は、従軍看護婦の業務の価値を強調し、少女たちをその業務に誘導しようとする意図をはっきり示しているのである。

第四章

太平洋戦争前夜

支那の少女たち――国分一太郎「新支那の子供」他

この章はほぼ一九四〇年と四一年（昭和一五年と一六年）の分を対象とする。一九四一（昭和一六）年十二月八日に、日本軍は宣戦布告の通告以前にハワイの真珠湾などを攻撃して、アメリカやイギリス、オランダなどとの戦争（太平洋戦争）を開始するが、むろんこの戦争は一九四一年の雑誌には反映していない。

一九四〇年と四一年は、一九三七（昭和一二）年以来の中国との全面戦争（日本側の呼称では支那事変）の四年目、五年目に当たり、日本という国家は、もうそれだけで疲労困憊していた。

最初にお断りしておくが、ここで使っている「支那の少女たち」という見出しは、「中国の少女たち」とすべきだろうが、あえて「支那」という語を使う。対象とする一九四〇年や四一年においては、日本では中国という表現はほとんど使われておらず、これから取り上げようとする作品においても、すべてが支那と書かれているので、その状況を感じとれるように、「支那」のままにしておく。

さて一九四一年の『少女倶楽部』に、「陣中の思出《ママ》」というシリーズが掲載されている。「思出」と言うからには、体験記録でありノンフィクションということになる。確かにノンフィクションと言えるものもあるだろうが、創作めいたものもあるようだ。

ところでこの「陣中の思出」のなかに、支那の少女を登場させたものが以下のように五編もある。

国分一太郎「新支那の子供」（一九四一年一月号）
赤川武助「支那少女と卵」（同五月号）
邑楽慎一「露草の花」（同八月号）
山本和夫「戦場の月」同九月号）
五島弘一「青島《チンタオ》の桜」（同十月号）

なお、支那の少女の登場ということでは、一九四〇年一月号に徳永寿美子の「少女秀蘭」という作品が掲載されており、翌年の五編の仲間に入れていいものである。これら六編の内容を簡単に述べる。

「新支那の子供」は二つの話から成っている。一つはマカオに近い町が舞台で、道ばたで三人の女の子が、ジャンケンで順番を決めながら一個の半分の月餅を、更に分けあって楽しそうに食べている。蒋介石の部下がこの町を支配していたときは、貧しい家の子どもは月餅など食べられなかった。日本軍が統治するようになって、半個とはいえ、どんな子どもも月餅を手にすることができるようになったのだと語り手は言う。ただし月餅は本来は中秋の名月のときに作るもので、日常的に食べるものではないという指摘をいただいたことがある。だから日本人に分かりやすいように、何かの菓子を「月餅」と言ったのかもしれないし、話全体が創作なのかもしれない。

もう一つは、広東のうどん屋で働く十二歳の少女の話である。客として店に来る日本兵が話すのを聞いて、日本語を覚えようとしている。休暇を「ヤスミ」ということなどから類推して、からかわれたときなどに、聞いていませんということを意味する「耳ヤスミ」という表現を作った。賢い少女なのだ。少女は、「ウマイ」と「オイシイ」が同じような意味であることを知って、歌が「オイシイ」と言ったりして、「私たち」を笑わせたり考えこませたりする。

「支那少女と卵」は、幼蘭という少女の話である。幼蘭の左眼に覆いかぶさっていた腫れ物を、「私」（日本兵）が治療してやり、うまく治った。「私」たちが出発するとき、幼蘭はゆで卵を十個くらい持って、見送りにきた。

「露草の花」の話は、鎮江という都市でのこと。語り手は軍医という設定で、登場する少女は芳蘭という。日本兵は恐ろしいと聞かされていた住民は、日本軍の接近を知って逃げまどう。しかし本当に恐ろしいのは支那兵のほうだったとされる。「私」は芳蘭の母親の治療をしてやったが、芳蘭は野戦病院に二、三日ごとに花を届けてくれた。

「戦場の月」は、「私」と朱継波という少女の話。「私」たちが出発するとき、親日派の父親からの「月夜の晩は、用心しなさい」というメッセージを継波は伝えてくれた。月夜に敵のトーチカを攻撃中、「私」たちは親友の原田上等兵を失った。

「青島の桜」の主人公である白蘭という少女は、ちょっと特殊な事情を持つ。白蘭は支那語も日本語も上手だが、父が支那人で、母が日本人であるためだった。白蘭は桜が好きだが、「僕」たちに、母が日本人であるからだと言う。「僕」たちが出発するとき、白蘭の母親がビールを三本届けてくれた（という落ちがついている）。青島はビールの生産地として有名だ。

「少女秀蘭」は、戦地から帰還した兵士から聞いたという設定で、飢えかけた少女を日本兵が救ったということが語られる。

いま挙げた六編はほぼ共通のパターンを持っている。日本兵が一時的に過ごした土地で、日本兵を信頼して親しむ支那の少女と出会い、やがて別れのときがくる、というパターンである。このパターン化が、これらの作品の多くが「思出」ではなく、創作ではないかと推測させる理由の一つである。これに関連して、少女たちの名前にも注意が必要だ。幼蘭、芳蘭、白蘭、秀蘭と、「蘭」のオンパレードで芸がない。もしかすると、当時の〈満州〉の人気スター李香蘭（のちの山口淑子）から連想したのかもしれないが、このこともこれらが実話というより創作ではないかと疑わせる理由の一つである。

さらにまた、このころ『少年倶楽部』などにも日本兵が支那の子どもに優しくしてやるという話がいくつも書かれていた。日中戦争の初期においては、日本兵の勇猛果敢さを強調する傾向が強かったのだが、ここへきて子どもへの優しさ路線に切り替えられたのだ。このことについては後でもう一度触れるが、詳しくはわたしの『子どもの本に描かれたアジア・太平洋――近・現代につくられたイメージ』（梨の木舎、二〇〇七）の「第六章　描かれた〈支那〉の子ども」を参照していただければと思う。

従軍看護婦たち（2）――古屋糸子「祖国」他

戦争との関連で看護婦が登場したことは前章で取り上げたが、太平洋戦争直前の時期においても、『少女倶楽部』のなかでは看護婦が目立った存在の一つだった。「陣中の思出」のなかに、支那の少女を扱ったものが五編あったが、さらに、現役の看護婦もしくは看護婦の経験ありと推定される人が語っているものが三編ある。これらは文章にやや分かりにくいところがあることから、書くことの素人によるものと思われ、それだけにかえってリアリティがある。

1940（昭和15）年1月号

1940（昭和15）年6月号

古屋糸子「祖国」（一九四一年三月号）
大嶽康子「送られた人形」（同四月号）
森田松子「小さな看護婦」（同七月号）

「祖国」は、病院船で負傷した日本兵を迎えに行ったときの体験記である。「ちやうど内地を発つて○日目（原文で伏せ字）の夜、南京陥落をラヂオでききまして、思はず万歳をとなへ」とあるから、時期は一九三八（昭和一三）年一月と特定できる。そのころはまだ、病院船を派遣する余裕があったのだなという感慨がある。太平洋戦争に入って制海権、制空権を失ってからは、大部分の負傷者は十分な手当など受けられず現地で死んでいったのだ。

「送られた人形」には、場所を特定する記述がないのだが、「暑いく南支」と書かれているから、支那南部のどこかの陸軍病院だか野戦病院だかが舞台である。内地の知らない人から、「私」宛てに小包が送られてきた。開けてみると、手作りの小さな布製の人形がたくさん入っていた。欲しがった軍医や衛生兵にも渡したあと、

「私」は病室に持っていって、患者たちに分けた。患者たちは大喜びで、元気づいたのだった。

「小さな看護婦」は、「上海特別救護班」に所属していた「私」が、ふたりの小さな看護婦のことを語っている。ひとりは上海で一緒に働いていた小学生の年齢の少女で、みんなから「ちびちゃん」と呼ばれていた。ちびちゃんは「半島の子供」(朝鮮人)で、両親を失っており、姉とともに病院の雑用をして暮らしていた。ちびちゃんは庭に出ると、コスモスやサルビアなどを摘んできて、兵隊の枕元に飾ってあげていた。

もうひとりは、「私」が日本に帰国したあと、友人のいる病院で出会った高橋という看護学生である。その学生は、「私」が上海で受け取った慰問袋の送り主で、そのとき小学校の六年生だった。慰問袋の中に入っていた手紙には、「早く大きくなつて看護婦さんになり兵隊さんのお世話をしたい」とあった。「私」は、返信に「看護婦になるばかりがお国につくす道でせうか」と言いつつ、「りつぱな生徒さんであつてくださいませ」などと書いたのだった。その少女が、看護学校の学生になっていて、「もうすぐ二年生になります」と言う。「わたしは高橋さんがやがて戦地

郵便はがき

恐れいりますが
切手を貼って
お出しください

101-0061

千代田区神田三崎町 2-2-12
エコービル 1 階

梨 の 木 舎 行

★2016年9月20日より**CAFE**を併設、
新規に開店しました。どうぞお立ちよりください。

お買い上げいただき誠にありがとうございます。裏面にこの本をお読みいただいたご感想などお聞かせいただければ、幸いです。

お買い上げいただいた書籍

梨の木舎

東京都千代田区神田三崎町 2—2—12　エコービル 1 階

TEL　03-6256-9517　FAX　03-6256-9518
E メール　info@nashinoki-sha.com

（2024.3.1）

通信欄

小社の本を直接お申込いただく場合、このハガキを購入申込書としてお使いください。代金は書籍到着後同封の郵便振替用紙にてお支払いください。送料は200円です。

小社の本の詳しい内容は、ホームページに紹介しております。是非ご覧下さい。　http://www.nashinoki-sha.com/

【購入申込書】（FAXでも申し込めます）　FAX　03-6256-9518

書　名	定　価	部数

お名前

ご住所　（〒　　　　　）

電話　（　　）

で白衣の天使としてりつぱな働きをする日を祈つてゐます」と結ばれる。

この三編が示すのは、いわば看護婦への賛歌だが、注意しなければならないのは、看護婦一般への賛歌ではなく、戦傷者や戦病者を看護する看護婦、すなわち戦争に参加する立場の従軍看護婦への賛歌であるということである。「小さな看護婦」には、そのねらいが露骨に示されている。

これと同じねらいを示す口絵が、一九四〇年の一月号と六月号にある。どちらも巻頭にある見開きの絵で、さらにカラーである。編集部の力の入れ具合が、その扱いに示されている。一月号の分は、「白衣の天使の出発」と題された林唯一のもので、駅のホームでの情景である。列車に乗り込んで窓外に顔を向けた看護婦たちと、ホームに立つ見送りの人々の視線の交錯が描かれている。

この絵に付けられた文章は以下のとおりである。


『ましろに細き手をのべて　まくや繃帯白妙の　心の色は赤十字……』

紺の制服の腕に、あざやかな赤十字をつけた看護婦さんたちが、わきかえる歓呼の声に送られて、勇んで任地に赴かうとしてゐます。

『よし子さん、しつかりやつてね。』

『ありがたう、あなたもお体御大切に。』

あるひは老いたる父を、病める夫を、いたいけな愛児を家にのこして、尊い使命に一身を捧げようとする白衣の天使たち――やさしい姿の中に、雄々しいまごころをこめた彼女たちこそ、まことに日本婦人のお手本であります。

（日本赤十字社看護婦養成部長陸軍軍医中将　弘岡道明）


六月号のほうは、「踏まれない花」と題されている。草原の一画だろうか、赤十字マークが胴体に描いてある小型飛行機が着陸している。白衣の看護婦が六人いて、その飛行機から負傷兵を運び出している。画家は吉沢簾三郎である。以下のような説明文には筆者名がない。


爆音がやみました。前線から負傷兵を運ぶ飛行機がついたのです。野戦病院を護る看護婦さんたちが、飛行機のそばにかけよりました。

『お傷は、どんなかしら。』

飛行機の中をのぞくやうに見ていた、看護婦さんが言ひました。

『お痛みでせうね。』

他の看護婦さんも心配さうに、顔を見合はせました。

傷ついた兵隊さんたちを、真心こめて手あてする看護婦さんは、兵隊さんたちの、どんな小さなことでも気を使ふのです。

草原はきれいな花が盛りです。担架を運ぶ看護婦さんの足は、咲いてゐる花を、踏まないやうに進みます。傷ついた兵隊さんたちが、このやさしい看護婦さんに、あつい看護を受けてゐるのが、目に見えるやうです。


赤十字社で養成された看護婦は、その「規則」によって、二十年間は父が老人であろうと、夫が病気であろうと、子どもがいようと、負傷兵たちの看護に出ていかなければならなかった。「白衣の天使の出発」の説明文の筆者が、日本赤十字社の看護婦養成部長であり、その人物が「陸軍軍医中将」という身分を持っていることは象徴的である。

それはともかくとして、アジア太平洋戦争下の日本に問題を限定すれば、国家は若い女性を従軍看護婦として前線にひっぱりだすことに必死になっていたのだということが『少女倶楽部』を見るだけで明らかになる。そしてこの動きが究極に達したのが、女学生たちを〈しらゆり学徒隊〉などとして前線に投入した沖縄のケースだった。

「国策協力」キャンペーン――「進んで国策に協力しませう！」他

太平洋戦争直前期の『少女倶楽部』でもう一つ目についたのは、少女たちに対する思想指導というか、思想教育というか、そういうものを強調した文章が継続的に掲載されていたことだった。わたしの確認したところでは、一九四〇（昭和一五）年四月号から四一（昭和一六）年五月号まで（四一年四月号にはなかったと思う）、「少女倶楽部編輯局」の名前で出されている見開き二ページの文章である。その内容のおよそが分かるであろう各回の見出しを以下に列挙する。

進んで国策に協力しませう！（一九四〇年四月号）
そろつて質素な生活をしませう（同五月号）

みんなで国策に協力しませう（同六月号）
兵隊さんの心を　私共の心としませう（同七月号）
みんな心を合はせて　強い精神を養ひませう（同八月号）
隣組の一人として　お国のために働きませう（同九月号）
贅沢はやめませう（同十月号）
新体制と私達の覚悟（同十一月号）
兵隊さんに感謝を捧げませう　慰問文慰問袋をますく送りませう（同十二月号）
お国のために日々を　元気にりつぱに過しませう（一九四一年一月号）
わがまゝをいはないと心にきめませう（同二月号）
更に心をひきしめて　お国のためにつくしませう（同三月号）
国民學校と私たちの新しい覚悟（同五月号）

これらの「思想教育」の中心になっているのは、国策に積極的に協力せよということである。「国策」とは国家の方策（方針）ということだが、こういう思想指導の文章は、『少女倶楽部』が明らかに国家の代弁をしていることを示している。ただし、三回目の冒頭に「愛読者の皆さま。／四月号以来、小社は皆さまにむかつて、一つの愛国運動をおすゝめしてきました」とあることからすると、これは『少女倶楽部』独自の姿勢ではなく、講談社全体の姿勢だったことになる。

そこで、とりあえず一九四〇年の『少年倶楽部』を参照してみた。こちらのほうでも、四月号からほぼ同じ形式で掲載されていた。そして三回目の文には、国策に協力しようという運動を「本社の九雑誌がとなへはじめてから、三箇月をむかへました」とあることから、講談社を挙げてのキャンペーン・プロジェクトだったことが分かる。『少年倶楽部』の文章は『少女倶楽部』のものとは異なっているが、テーマはほぼ同じである。

「本社の九雑誌」とは、講談社の誇りとする主力出版物で、『キング』『講談倶楽部』『富士』『雄弁』『現代』『婦人倶楽部』『少年倶楽部』『少女倶楽部』『幼年倶楽部』である。『キング』など成人向けの雑誌では、どういう表現で国策への協力を訴えたのだろうか、また『幼年倶楽部』ではどうだったのかと、知りたいことは尽きない。なお『キング』は一九四三（昭和一八）年に『富士』と改称された。キングは敵のことばだと排撃されたからである。

読者に国家への協力を呼びかける文章の一例を、『少女倶楽部』に最初に掲載された「進んで国策に協力しませう！」の冒頭で示しておく。

☆今が一番大切なときです

皆さんもご存じのやうに、いま日本は、『新しい東亜の建設』のために、前線も銃後も、みな心をあはせて働いてゐます。

新しい東亜をつくるためには、たくさんなお金と、物がいります。事変が始ってからこの方、政府は私ども国民にむかつて、『政府の示すいろ〳〵の指図に従つて下さい。』と、銃後国民の協力を求めてゐます。皆さんもよくその指図を守つて、喜んで不自由をしのび、つらいことをがまんして、銃後のつとめを果してきました。

だが、新しい東亜の建設といふ、この大事業は、これから先、何年つゞくかわかりません。今ここで私共が心をゆるめたら、今までの努力が水の泡になつてしまふ、大切な時です。諸外国は日本の国力が弱つたら、と待ちかまへてゐるのです。ですから、私共国民は、今が一番大切な時と覚悟して、一そう心を引きしめ、政府の方針に力を協《あは》せなければなりません。

約一年間つづいたらしいこの「国策協力」キャンペーンは、しかし講談社の企業としての性格とは、必ずしも密接にはつながっていない。講談社は確かに政府や軍部に密着していて、だからこそ日中戦争の初期には、日本軍の勇猛ぶりを賛美する出版物を多く出版したりしていた。児童図書においても、その状況は同じだった。

しかし、そもそも出版社としての講談社のモットーは、「面白くて為になる」ものを出版することであって、「国策協力」キャンペーンにおける、右の引用に示されているような精神的な訓話などは、そのモットーに反していると考えていい。

そして、たとえば『少女倶楽部』において、モットーに反している訓話を一年間も継続して掲載したことと、「支那の少女」を多く登場させたり、看護婦の戦地における活動に焦点を当てたりしたこととは、編集部の自発的な方針ではなかったことにおいて共通しているだろう。

内務省からの圧力――〈児童読物改善ニ関スル内務省指示要項〉

江戸時代までのことは措くとして、明治時代以降、言論の自由は許さないというのが代々の統治者の姿勢だった。そしてその姿勢は、アジア太平洋戦争の時期になっていっそう強化された。「出版統制」が厳しくなったのであり、それは児童図書、児童雑誌においても例外ではなかった。そしてその統制は、二つの方向からやってきた。一つは内務省であり、もう一つは軍部だった。

内務省からの統制は、一九三八（昭和一三）年十月に出版社などに提示され、実際に効力を持った〈児童読物改善ニ関スル内務省指示要項〉が大きなウエイトを持つものだった。この〈要項〉が児童図書・児童雑誌に大きな影響を与えたことや、その成立をめぐって児童文化関係者が大きな役割を果たしたことは早くから指摘されている。〈要項〉の成立過程などに関しては、たとえば浅岡靖央『児童文化とは何であったか』（つなん出版、二〇〇四）に詳しい。

〈要項〉は、あまり小さな活字を使ってはいけないなどという、子どもの健康を気遣って見せるような項目まで含むが、主たる狙いは内容の規制に関する項目だったろう。その項目の一つに、〈支那〉の扱いかたがあった。

> 事変記事ノ扱ヒ方ハ、単ニ戦争美談ノミナラズ、例ヘバ「支那の子供は如何なる遊びをするか」「支那の子供はいかなるおやつを食べるか」等支那ノ子供ノ生活ニ関スルモノ又ハ支那ノ風物ニ関スルモノ等子供ノ関心ノ対象トナルベキモノヲ取上ゲ、子供ニ支那ニ関スル知識ヲ与ヘ、以テ日支ノ提携ヲ積極的ニ強調スルヤウ取計ラフコト。従ツテ皇軍ノ勇猛果敢ナルコトヲ強調スルノ余リ支那兵ヲ非常識ニ戯画化シ、或ハ敵愾心ヲ唆ルノ余リ支那人ヲ侮辱スル所謂「チャンコロ」等ニ類スル言葉ヲ使用スルコトハ一切排スルコト（傍点、長谷川）

一九四〇年、四一年あたりになって、『少女倶楽部』に支那の少女が何人も登場し、その少女たちの態度がいずれも日本兵に対して友好的だというパターンを示したことの背後には、いわば〈支那条項〉とでも言うべきこの規定があった。同時期の『少年倶楽部』には、日本兵に友好的な支那の少年が登場したことは言うまでもない。

それでは、こういう出版姿勢をとる前の講談社の児童対象出版物では、支那の子どもはどういうふうに描かれていただろうか。ほんの一例だけを示してみる。これは、〈支那事変少年軍談〉シリーズの一冊、『豪勇　飯塚部隊長』（一九三八）からのもので。上海の南市というところでの、日本兵の会話である。

『何いつてるんだ。もと〳〵この南市は、排日支那人の根城なんだよ。事変がはじまる前でさへ、日本人が夜おそくうつかり城内にでもはいつていかうものなら、そのまゝ行方がわからなくなつたといはれるくらゐだ。つまり暗殺してしまふのだ。さう急に親日的になつて、わが占領地帯にのこ〳〵戻つてくるもんか。』

『ふむ、さういへば路を歩いてゐる子供までが、どこか油断のならん顔つきをしとる。野郎、ピストルでも持つてゐたらきつと撃ちかねないぞ。』

支那の子どもと日本兵の友好という設定の話と、今の引用とどちらが真実に近いかといえば後者のほうだろうが、そういう記述は封じられたのだった。そして日本が表面的な友好路線に向かったのは、軍事的に解決する見込みが容易に立たず、政治的には日中戦争終結に向かいたいという意向が生まれていたからである。その意向は実を結ばなかったのだけれど。

なお『豪勇　飯塚部隊長』には著者が表示されておらず、奥付には編纂兼発行者として、講談社の幹部社員である高木義賢の名が記されているだけである。ただし、はしがきには「特に野村愛正先生にお骨折を頂きました」とあるから、野村が筆者なのだろう。なぜ筆者名を表示しないのかは分からないが。

軍の弾圧――陸軍情報部　鈴木庫三少佐

さて、出版に対するもう一つの弾圧源である軍部の場合は、特に鈴木庫三《くらぞう》陸軍少佐が、出版史に悪名を残している。いくつかの資料からその人間像を見てみると、「俺が出版界を取り仕切っている」という意識にとりつかれた人物であったように思われる。

講談社は鈴木少佐をはじめとする軍部への反感が強かったようで、葛藤を社史に記録している。『講談社の80年』）の一九四〇年の項には以下のようにある。

雑誌のあり方や内容への軍部の介入や圧力は増しつづけた。ことに陸軍情報部の鈴木庫三少佐（のち中佐）は、出版担当官として強引なやり方で各出版社を苦しめた。

（中略）

「少年倶楽部」の人気漫画、田河水泡の「のらくろ」が、昭和十四年（一九三九）五月号で大尉を最後に猛犬連隊を依願退官、満州（中国東北部）開拓に出かける「のらくろ大陸行」や「のらくろ探検隊」に変わったのも、当時の風潮からだった。

「のらくろ」は昭和六年（一九三一）新年号から登場、山猿・ゴリラ・チンパンジー・カッパ・カエルなどと戦い、ときには象狩りなどもして、〝兵隊ごっこ〟のおもしろさで子どもに喜ばれた。日中戦争のときは少尉になって、今度はブタと戦った。

しかし、軍国漫画の一面、この漫画は「皇軍を侮辱している」という非難を軍部から強く寄せられはじめていた。（中略）

その「のらくろ探検隊」も、「この非常時に漫画のようなふざけたものを載せて、貴重な資源である用紙を費すのは許せない。そんなものより軍国美談、銃後美談を多く載せろ」という陸軍情報部の圧力で、翌昭和十六年の十月号で終わりを告げる。

（原文は横書きで、それを縦書きにするに当たり、算用数字を漢数字に置き換えた）

内務省や軍部の圧力がなかったら、講談社は軍国主義にのめりこむことはなかっただろうか。そんなことはない。講談社は講談社で独自に軍国思想を鼓吹しただろうことは、たとえば先ほど挙げた〈支那事変少年軍談〉の一冊を見るだけで明らかである。だから右のような社史の一節をそのままに受け取ることはできないが、しかし、圧力があったことも確かである。

日本兵と支那の少女の友好を描くことも、戦線での看護婦の活躍を強調することも、そして読者の精神教育に大きな役割を果たすことも、圧力があったからである。社史にあるように、講談社ばかりでなく、「各出版社」は同じように圧力を受けた。

二〇一〇年十一月に刊行された山中恒の著書『戦時児童文学論』（大月書店）は、

言うまでもなく戦時下の児童文学を批判したものだが、その「おわりに」において、山中は、自分がその当時作家だったら「多分私もマイナーな児童文学作家として、せっせと戦争支援、銃後督戦的な作品を発表したはずである」と言う。わたしもまた、当時出版社の社員だったら、講談社の社員と同じく圧力に抗することはできなかったはずだ。

しかし、そういう事情はあるにせよ、戦時下の子どもたちが軍国化するのに、児童のための図書や雑誌がそれなりの役割を果したということは忘れてはならない。

第五章　破滅の太平洋戦争

ページ数の減少

この章では、一九四二（昭和一七）年から四五（昭和二〇）年までを対象とする。すなわち、ほぼ太平洋戦争の期間のすべてである。

最初にアジア太平洋戦争の期間中における『少女倶楽部』のページ数の変動を見てみる。ページ数は大幅に変動しているのだが、そういうところにも日本のそのときどきの国家情勢が現われている。ただし期間中の全冊についてページ数を示すわけにもいかないので、各年の七月号のページ数のみを以下に記す。七月号という半端な時期を選んだのは、戦争期間中の最後の『少女倶楽部』が四五年七月号だからである。ただし、一九三七（昭和一二）年の七月号は、閲覧した日本近代文学館で欠号になっていたので、代わりに六月号のページ数を記載した。

一九三二（昭和七）年　三〇四
一九三三（昭和八）年　三二〇
一九三四（昭和九）年　三二〇
一九三五（昭和一〇）年　三二〇
一九三六（昭和一一）年　三二一
一九三七（昭和一二）年　三三六
一九三八（昭和一三）年　三八四
一九三九（昭和一四）年　三三六
一九四〇（昭和一五）年　二七四
一九四一（昭和一六）年　二三四
一九四二（昭和一七）年　一九八
一九四三（昭和一八）年　一二二
一九四四（昭和一九）年　六八
一九四五（昭和二〇）年　三二

このように、一九四〇年からページ数がどんどん減少していった。これは直接的には用紙が不足してきたからだが、資材の不足は出版の分野だけではなく、あらゆる業種で見られたことだった。その原因は、原材料の不足や、成年男子を片っぱしから兵士として召集したことによる労働力不足が主たるものであった。出版業界に限定すれば、戦争末期に激しい空襲によって、印刷所などが大きな被害を受けたことも見逃せない。

なお、一九四五（昭和二〇）年の『少女倶楽部』は、三月と四月が合併号、五月と六月も合併号で、七月号は単独刊行だったが、戦後の八月と九月も合併号だった。出版事情が惨憺たるものだったことが示されている。三月四月の合併号から八月九月の合併号までは表紙が別刷りではなく、本文用紙に単色で刷り込んだものだった。用紙の質も印刷の質も落ちているから、この頃の誌面は現在ではかなり読み取りにくい。

この章で扱っている時期の『少女倶楽部』のうちの五冊を、わたしはたまたま持っている。このうちの一九四二（昭和一七）年四月号には菊池寛の「特別攻撃隊の偉勲を思ふ」の文があるので〈九軍神〉関連で、一九四四（昭和一九）年九月号には小糸のぶの「疎開学園の学童とくらして」という文章があるので学童集団疎開関連で、それぞれ買ったらしい。それ以外は一九四二（昭和一七）年の一月号と十月号、一九四四（昭和一九）年の一月号である。

これらを見ていて、広告について興味深いことに気づいた。四二年の分には広告がたくさん入っているのだが、四四年九月号には、広告がまったくないのだ。広告の有無にも注意を払って四四年の各冊を閲覧してみたところ、四四年二月号から広告がなくなっていることが分かった。もっともこの二月号には講談社の出版物の広告だけが一ページあるのだが、これは収入を得る広告ではないので、無視してもいいだろう。

広告がなくなった理由としては、二つのことが考えられる。

一つはページ数の減少で、広告を掲載する余地がなくなったということである。もう一つは、大半の物資が配給制になったことと、配給外の物資であっても、広告を出して販売するほどの生産はできなくなっていたということである。ページ数の問題よりも、物資の供給状況のほうが、恐らく広告のなくなった大きな理由だと思う。
一九四二年四月号によって、一部ではあるが、当時広告されていた商品を挙げてみる。名称だけでは分かりにくいものには、商品の内容を加えておく。
レートメリー（化粧品）　ヨット鉛筆　三星ゑのぐ　ウテナバニシングクリーム　王様コロイド水彩　レートクレーム（化粧品）　にきびとり美顔水　半煉の仁丹歯磨　ゴコー（洋髪香油）　独学の栞　マツダランプ　シーズン月経帯
これで半分程度だから、広告は結構多かった。いちばんびっくりしたのは、「番犬猟犬に日本犬のお奨め」というもので、犬の販売などというものまで広告されていたのだ。「日本犬には米と肉不用」という添え書きに時代が反映しているが、それでは犬たちに何を食べさせればよかったのだろう。

読者に向けての精神指導

この時期、少女雑誌としての文芸性や娯楽性は非常に少なくなっていた。連載小説はあっても、もちろんたいていは日本の戦争を肯定することが前提になっていて、自由な文芸などではなかった。少女たちの本来の仕事であるべき学習にかかわる記事などは、まったく姿を消していた。

そういうものの代わりに、少女たちへの精神指導といった文章が目につくようになる。端的な例として、太平洋戦争開始直後と日本の降伏直前における精神指導の文章を示してみたい。

開始直後のものは、一九四二（昭和一七）年一月号に掲載されている「はじめの言葉」なるものの全文である。執筆者名は記されていない。なおこの「はじめの言葉」の次のページには、「天佑ヲ保有シ」で始まる「詔書」（天皇の開戦宣言）が載せられている。

祖国日本の運命をこの一戦にかけて、世界新秩序建設の使命に向かひ大進軍が開始されました。わが国は米英に宣戦布告と同時に、めざましい戦果をあげ、その戦線は支那大陸から太平洋をふくむ広い地域に広がりました。

紀元二千六百二年は、かうして大東亜戦争の中に迎へられました。

私たち日本の少女は、この重大な時に生まれあはせたことをよく〳〵かへりみ、身をひきしめ、心を正して、これからどんな困難が降りかゝらうとも、をゝしく、りゝしく突進する心構こそ大切だと思ひます。

戦争がどんなに長びかうとも、びくともしない巌のやうな心を持つて、この重大な時にあたつて行きませう。

日ごろから鍛へに鍛へ、みがきにみがいた心身の全力をそそいで、銃後を守つて行きませう。

もう一つの降伏直前のものは一九四五（昭和二〇）年七月号（すでに述べたように戦時下の最後の号）の「読者のみなさんへ」という文章である。その全文を引用する。これには「少女倶楽部編輯局」という記名がある。

みなさん、いよいよ一億国民がすべてを捧げて戦ふべき本土決戦の時がせまつてまゐりました。わが国の戦力のすべてを破壊し、日本人のすべてを亡ぼさうとする鬼畜のやうな敵は、いま私たちの足もとにおしよせて来てゐるのです。

しかしみなさん、おそれてはなりません。くじけてはなりません。去る日、沖縄の少女たちは、烈しくふりそそぐ敵の砲弾や爆弾の下で、死の間際まで自分にあたへられた受持の場所をはなれずに戦つたといふことです。ほんとうにあつぱれなたのもしい日本の乙女たちではありませんか。

いまこそみなさんも、この沖縄の少女たちに続き、祖先からうけついだその腕、その体、その血をもつて、あくまでこの皇土をまもり通さねばなりません。この先、どんな事が起らうとも、どんな苦しみがあらうとも、みなさんは日本の少女です。勝ちぬく日まで勇敢に戦つてください。

すなわち、このときの少女たちには戦うことしか残されていなかったのだ。こういう〈檄〉は、むろん「少女倶楽部編輯局」自身の独自の発想に依るものではない。言わされたものであるには違いない。「少女倶楽部編輯局」がそれに対して批判的だったかどうかは分からないが、いずれにしても、そういう記事を掲載し、そういう雑誌を刊行したことには、「少女倶楽部編輯局」も講談社も、責任を負っているのである。

ミッドウエイ海戦の虚偽報道——同盟通信社　千葉愛雄「太平洋を圧する凱歌」他

『少女倶楽部』には時事解説のような欄があり、この頃は主として同盟通信社という肩書きの千葉愛雄《なるお》という人が担当していた。太平洋戦争の初期には、この欄にたとえば以下のような景気のいいタイトルが並んでいた。

「太平洋を圧する凱歌」（一九四二年二月号）
「大東亜を築く道」（一九四二年三月号）
「皇軍印度洋を制圧す」（一九四二年五月号）

これらにつづく同年の六月号は「大戦果にこたへる覚悟」、七月号は「陸に海に大勝利はつゞく」というタイトルの〈時事解説〉だったが、後者に含まれているミッドウエイ海戦についての記述は、そのでたらめぶりにおいて、太平洋戦争に関わる虚偽報道のなかでもワーストスリーに入ると言ってもいいものだった。報道はもちろん軍（海軍）の発表にもとづいており、根本的な責任は海軍にある。

七月号の「陸に海に大勝利はつゞく」において、ミッドウエイ海戦は以下のように語られる。(時事解説の欄は、叔父と子どもとの対話形式になっている。)

叔父　さうだ。六月五日、ミッドウエイを急襲したわが海軍部隊の猛攻に、すつかりあわててしまつたアメリカは、応援の艦隊をこの方面にむけて来た。わが海軍は、アメリカではきつとやつてくるぞと、手ぐすねひいてまつてゐたところへ敵艦隊がやつて来たのだから大へんだ。敵味方いりみだれて物すごい海戦がはじまり、つひに敵の飛行機約百五十機を撃墜したほかに、航空母艦エンタープライズ、ホーネット(ともに一九九〇〇トン)、それに中型巡洋艦と潜水艦をもみごとに撃沈してしまつた。

太郎　強いなあ、日本の海軍は。

叔父　かうしてアメリカは、とつておきの母艦をまた二隻沈められたので、負け戦をかくすために、いゝかげんな発表をやつては国民をだまさうと、一生懸命にやつてゐるんだ。

道子　アメリカには、あと何隻航空母艦がのこつていますか?

叔父　何隻つて、ほんのかぞへるほどよりない。わが海鷲や潜水艦に、つぎからつぎと沈められ、しかもこんどの海戦でまた二隻やられ、結局あとはレインジャー（一四五〇〇トン）と、ほかに中型航空母艦一隻、あはせて二隻あるかなきかの情なさだ。虎の子の航空母艦をなくし、その上に北方の基地をたちきられたアメリカの狼狽ぶりは大へんなものらしい。

海戦のすぐあとに、日本の海軍は「（敵の）空母二隻を撃沈」などとする「戦果」を発表するとともに、日本側の損害として「航空母艦一隻喪失、同一隻大破、巡洋艦一隻大破、未帰還飛行機三五機」と発表したが、事実は、戦果の空母二隻は実際は一隻であり、日本側の空母は、海戦に加わった四隻（赤城・加賀・飛龍・蒼龍）が四隻とも沈没するという結果になったのである。日本海軍は太平洋戦争開戦当時において大型空母を六隻持っていたが、そのうちの四隻を喪失するという大敗北だった。交戦中に空母が沈没したということは、飛び立っていた自軍の飛行機が帰艦できずに全機が失われたということであり、失われた飛行機のすべての搭乗員が死んだということでもあった。この搭乗員二〇〇人余りを含め、日本側の戦死者は三〇〇〇人を越えた。

すなわち、「負け戦をかくすために、いゝかげんな発表をやっては国民をだまさうと」したのは日本のほうだった。「虎の子の航空母艦をなくし」たのも、日本のほうだった。アメリカは空母が「二隻あるかなきか」などといった状態ではなかったし、新規の建艦もどんどん進めていた。そして日本は、大型空母を補充するなどという生産力はもう持っていなかった。

『少女倶楽部』の時事解説は少女たちに虚偽の情報を流したが、もちろん同じように全マスコミは虚偽を伝えたから、大多数の国民はミッドウエイ海戦の真実を知ることはなかった。

一つのウソを語った者は、それをウソと見抜かれないためには、次から次へとウソをつきつづけなければならないが、少女たちは（少女たちに限らないが）、それらを真実と受け止めて戦争のなかで生きていた。

学徒動員の低年齢化——千葉愛雄「私たちも皇軍の戦士」他

一九四三（昭和一八）年八月号には、時事解説の千葉愛雄が、「私たちも皇国の戦士」という題で（題を付けたのは編集部だろうが）、少年少女の労働を強化する国家の方針について書いている。

◎学徒の動員体制

道子　叔父さん、こんにちは。この間お兄さんが、こんどから全部の学生や生徒が、お国のためにはたらくことのできる、新しいきまりができたつて話をしてをりましたが、そのお話をして下さい。

叔父　ああ、学徒の戦時動員体制のことだね。叔父さんも話さうと思つてゐたところだ。これまでも大学、専門学校、中等学校では、それぞれ学校報国団をこしらへて、軍事演習や、工場、農村への勤労奉仕をやつてゐたのだが、十分にその力をあらはすまでになつてゐなかつた。それでこれまでのいろいろな欠点をあらため、さらにすぐれた組立ときまりをこしらへて、学生がお国につくさうとする真心にこたへることになつたのだ。

道子　どんな仕事をするのでせう。

叔父　それにはまづ、こんどの動員体制の大体の骨組からお話していかう。この決戦下では、学生だつてみんな国をまもり、国をそだてる大事な役目をもつてゐることはいふまでもない。それで、新しいきまりでは、ここに目あてをおき、学校報国団の仕組が、すぐ国土防衛につながるやうにし、しかもその目あてにかなつた訓練をすることにした。

道子　もつとくはしく説明してください。

叔父　つまり国をまもる大事な役目をはたすには、中等学校三年以上の男子にはみな戦技訓練をし、同時に、航空、海洋、機甲、馬事、通信などのとくべつな訓練にそなへて、学生の適性登録制度といふのをつくることになつた。

（中略）

◎女子も第一線に

道子　私たちはどうなるのでせう。

叔父　さう、女子の場合は、女学校以上の学徒がおもに動員され、とくに看護や保健衛生の訓練がおこなはれる。しかもこれまでとちがつて、空襲の場合など、いざといへばすぐにでて、負傷者の手あてでも何でもテキパキとやれるやうに、また従軍看護婦として第一線にでてもすぐお役にたてるやうに訓練されるのだ。それで看護衛生などの科目にはとくべつ力をそそぎ、女学校卒業生にはのこらず看護婦の免状があたへられるやうにしようといふのだ。また工場や農村にでかけて幼稚園、保育所、共同炊事をやることにも、これまでの経験をいかしていつそうつとめねばならない。

道子 それでは私たちもりつぱな国土防衛の戦士となるわけですね。

叔父 そのとほりだ。この決戦下にあつて、学生が何の心配もなく勉強していけるのは日本だけだ。ドイツやイタリヤ、また敵国米英でも学生生徒をどしどし徴用して実戦に役だたせてゐる。ほんたうにこのゆとりのある、ありがたい日本に生まれた感謝の心を、こんどの動員体制の活動にふりむけて御奉公の道にはげむやうにしよう。

「ありがたい日本に生まれた感謝の心」などという文章には、まったく開いた口がふさがらないが、とにかくこういう措置をとるしかないところまで日本は追い詰められていた。そしてこの一九四三(昭和一八)年段階の国家の苦し紛れの方策は、さらにエスカレートしていく。一九四四(昭和一九)年七月号の「少国民の総進軍」で、例の時事解説の千葉愛雄は、国民学校の生徒たちの国家への協力活動を取り上げている。国民学校は当時の小学校だが、二年間の高等科もあるので、現在の小学校とは異なる。

◎ぢかのお手伝ひ

叔父　けふは、おまへたち少国民がこのはげしい決戦下に、どうしたらお国のために、お手伝ひできるかといふ話をしようね。

澄子　叔父さん、ぜひお願ひしますわ。

叔父　それについてこの間、叔父さんが東京都をはじめ各地の国民学校を見学して、感心したことを話さう。ある工場では、国民学校の学童だけの分工場ができてゐたし、炭鉱では、大人の鉱山戦士が、そこへ手伝ひに来てゐた少国民の熱心な働きぶりにはげまされて、ひじやうな増産をみごとになしとげてゐた。また農村では、大人よりもりつぱな農場を作つて、幾俵ものお米を供出したところもあり、叔父さんも、その涙ぐましいばかりの働きぶりには、すつかり胸をうたれてしまつた。

◎たのもしい学校工場

叔父　横浜市の鶴見国民学校では、学童工員の養成をはかり、昨年から工作教室の一部に、旋盤二台、ボール盤二台のほか、機械鋸や鑢、木型截断盤などの機械を、そなへつけ、高等科一二年生全部がみんな一つになつて増産にはげんでゐる。

（中略）

叔父　これらの働く少国民を、岡部文部大臣は、
「何のよこしまな心もなく働き、そして学ぶ少国民は、まことに国の宝である。」
と、おつしやられた。おまへたちは、このおことばをわすれずに、このうへとも、みんなにあたへられたよい子の戦場へ突撃しよう。

こういう記事が示しているのは、兵士として召集される年齢に達していない少年や、同じ年代の少女たちにいまや残されているのは、働くことと死ぬことだけという有様になったということである。むろんこういう際でも、押しつけられたことを

まともに遂行しようとする者もいれば、要領よく逃れてしまう者もいたのだが、真面目な人間ほど真正面から受け止めようとしたと思われる。そして彼らは、戦後になってはじめて、自分は軍国少年だった、軍国少女だったと気づくのである。

国民を裸にする——文部省督学官　成田順「衣料切符制について」他

一九四二（昭和一七）年三月号に、「文部省督学官　東京女子高等師範学校教授」という肩書きの成田順という人が、「衣料切符制について」という解説を書いている。この制度は同年二月一日に実施された。

これは、個々の衣料品に点数をつけ、一方、各個人に一定の点数を与えて、その点数の範囲内でのみ購入できるというシステムだった。要するに、衣料品の供給力が大幅に低下したので、購入を制限せざるを得なくなったのだ。与えられる点数は都市とその周辺は一〇〇点、それ以外は八〇点だった。（この点数の差は何に基づいたのだろう？）

与えられる点数は、一九四四（昭和一九）年四月号の「私たちでできる戦力増強」（山脇浩太）によると、この年には三十歳以上は四〇点、それ以下は五〇点に減らされた。三十歳以上は身体もそれ以上成長しないし、着るものだって持っているだろうということだったのか。

婦人雑誌に載せるのならともかく、少女雑誌にまで衣料切符制の説明を掲載したのは、少女たちに我慢をさせるためだったろう。「衣料切符制について」には、少女たちへの以下のような細かい注意が記されている。

かように国民全体について、着る方面に心配がないやうに、政府として考へて下さつたのですから、皆さん少女たちとして、どんな心構が大切でせうか。

第一に今までの物をやりくりしたり、つくろつたりしてなるべく長く用ひ、どうしても新調しなければならぬ物は、お家の方に相談してから買ふことです。布を買ふ場合はよく考へてつもつてみて、少しでも余分を買はないことです。かうして買つたものはできるだけ大切に、役立つやうに使ふことです。汚したり破つたりしないやうに、心がけねばなりません。さうして、できるだけ長持ちするやうに考へてほしいのです。これがすなはち、皆さん方でできる国家へのご奉公です。

長持ちさせるには、どういふことを心がけるか、着物について申しますならば、ごみや塵をよく払ふこと、洋服はブラシを用ひるとよく取れます。食事のときは、お汁をこぼさぬこと、又果物の汁などつけぬこと、過つて汚したときには、すぐ濡手拭で拭き取ることを怠つてはなりません。

「私たちでできる戦力増強」も、同じような注意を述べている。

衣服はだいじに着て、いたんだらなんどでもつくろひませう。お父さんの古洋服で通学服、お母さんの古着でモンペをつくるのもよいでせう。更正服やつぎのあたつた衣服こそ、りつぱな銃後のほこりです。いやだ、はづかしい、なんていふのはたいへんな心得ちがひです。毎日のハンケチ、靴下、一本の手拭でもたいせつにつかひ、少しでもながくもたせるのはそれだけお国のためになり、戦力増強に役だつわけです。

国民を裸同然にするような政策を、「国家へのご奉公」にすり替えることによって、国家は供給力の欠乏をごまかそうとした。少女たちまで、こうして日常生活の細部への指図を受けていったのだということを、これらの解説というか訓話というかの文章は示している。

供給力の欠乏は、もちろん衣類だけのことではない。それ以上に切実なのはむろん食物だが、それについても、少女たちはお説教を聞かされる。一九四三（昭和一八）年六月号に、川島四郎という人の「野の草をたべませう」という文章がある。

かういふ大戦争をしてゐるのですから、食物の少くなるのはあたりまへで、野菜もしぜん少くなりますが、あくまで米英をやつけるためには、今までたべてゐたものしかたべられぬといつたやうな、なまぬるい考へかたではいけないのです。野菜が少くなれば、野の草までもたべて、戦ふくらいの覚悟と腕前がなければ、軍国戦時の女性としてははづかしいことです。

ここまで追い詰めるとは、と当時の少女たちの心情を思って暗澹たる気持ちで読んでいったのだが、これにつづくところへきたとき、思わず吹き出してしまった。

清少納言の「枕草子」に、「わか菜、いと青やかなるを摘み出でつつ」といふ句があります。あなたたちのあこがれのまとである昔の女流作家清少納言は、トマトもキャベツも白菜も南瓜もたべたことはなく、野原の青草をたべてゐたのです。それでもあんなりつぱな文章を書いて後世に伝へたえらい女性になつてゐます。

（中略）

野の草をたべるといつても、今さらのことではなく、昔にかへるだけのことです。

こういう文章を書いた川島四郎の肩書きは、「第七陸軍航空技術研究所長　陸軍主計大佐　農学博士」というすさまじいものである。書いていることを権威づけるために、肩書きでおどしつけるしかなかったのだろうか。

さて、『少女倶楽部』は（ほかの雑誌も同じだが）敗戦が近づくにつれて、政府や軍の広報誌であるかのような様相を呈してきた。しかもその広報の内容たるや、着る物や食べる物についてひたすら欠乏に耐えることと、生命を捧げて国家に忠誠を尽くすことを要求するものであった。

着る物や食べる物以上に生命に直接かかわる、空襲の問題についての記事として、一九四五（昭和二〇）年二月号の「敵の焼夷弾とたたかはう」がある。執筆者名は記されていない。記事ではまず一般的な注意が述べられる。

敵機の本土空襲は、しだいにその投弾地域をひろげて来てゐますが、少しもおそれることはありません。私たちは皇国の少女です。このにくむべき敵機の空襲に対しては、第一線の兵隊さんと同じ覚悟で、体当たり精神をもつて、めいめいの家や郷土を、あくまでもまもりぬくだけのことです。それには、いま敵機がしきりに落してゐる小型油脂焼夷弾の正体と、その処置の仕方を、しつかりと知つておかねばなりません。

このあと焼夷弾の構造の説明があり、ついで「消しとめかた」として、次のことなどが述べられる。

さて消し方です。これは落ちたらすぐ濡れ筵をかけます。燃えてゐない部分を、濡れた手袋をはめた手でつかんで、安全なところへ投げ出すか、また火になつたものは、濡れ筵や砂をかけ、シャベルですくひ出してもよいのです。

こういった指導がこまごまと述べられ、最後はこうまとめられている。

これだけの心がけさへあれば、いくら敵が投弾しても、決しておそれることはありません。

焼夷弾投下が、ポツンポツンといった程度のものならば、あるいはそういう措置で防ぐことが可能だったかもしれない。しかし、日本側はアメリカの物量のものすごさをまったく理解していなかった。たとえばこの記事を掲載した二月号の刊行から間がなかったであろう三月十日、東京の下町地区は三百機ものB29の空襲を受けたが、そのとき焼夷弾は雨あられどころか、豪雨のように降り注いだのである。

従軍看護婦たち（3）――氏原大作「茶の座日記」他

最後に、氏原大作の「茶の座日記」という創作と、清閑寺健の「祖国の花」というノンフィクションを取り上げたい。「祖国の花」には「白衣の天使ものがたり」という角書きがある。この二つの作品は、どちらも一九四四（昭和一九）年一月号から連載が始まったものである。

六月号まで連載された「茶の座日記」は、父母が不在となった家庭を、女学生の洋子が祖母（父の母）とともに守り、数え年二歳の幼い弟を育てていく話である。父親は海軍の軍人であり、当然のこととして出征している。母親は「もと看護婦」だったそうで、「いつおめしがあるか知れません」ということだから赤十字社で養成されたのだろう。母親は果たして召集された。夫が軍艦に乗っているということも、乳離れしたかしないかの幼児がいることも、まったく考慮されないのであって、それは規則どおりということである。

その先の物語の展開はご都合主義的だ。父親は病気になって戦地で入院していたが、その病院で母親と出会う。ふたりとも病院船で日本に向かうが、その船が爆撃を受け、沈没してしまう。ふたりは救助され、父親は日本に帰ってくる。あまりにも作りすぎだと思うが、そのことをここで論じるつもりはない。注意したいのは、母親が召集されるという部分である。

「祖国の花」は、一九四三（昭和一八）年十一月六日に都立第五高等女学校の大講堂で、西沢都弥子という卒業生の「追悼談話会」が催されたところから始まる。この都立第五高女は、現在の都立富士高等学校で、中野区に所在している。

都弥子さんは同高女出の篤志看護婦だつた。日本赤十字社の看護婦養成所をでると（中略）やがて事変となり同時に出征、病院船で二箇年はたらいた。そして帰還後、陸軍軍医学校で戦場とかはらぬ働きをみせ、さらに十五年の末、ふたたび出征して、中支〇〇の陸軍病院で二年あまりもりりしく勤務中、不幸にもチフス、マラリヤ、赤痢をいちどにわづらひ、この六月二二日につひに異郷の花とちつたのである。

「祖国の花」は、そういう女性の短い生涯を三月号までの三回にわたってたどったものである。最初に掲載された一月号の「編輯局からみなさんへ」という欄で、この作品について以下のように書かれている。

清閑寺健先生は、なんども、今は亡き白衣の天使西沢都弥子さんの御生家をおたづねになつて、西沢さんの気高い御生涯を、すつかりおしらべになり、強い感激をもつて、このものがたりをお書きになりました。

そういうふうに、編集側としても力を込めたものだが、わたしは「茶の座日記」と「祖国の花」が同時に連載開始となったことに大きな意味を感じないではいられない。何がなんでも従軍看護婦に関心を持ってほしい、いや、従軍看護婦になってほしいという軍の強烈な意志がここにはある。従軍看護婦の絶対数が不足していたに違いない。家庭人となっている元看護婦の召集などではまったく間に合わなかったのだろう。

少女雑誌を定期的に読むような読者は、おおむね女学生である。国民学校を終えたばかりの少女に比べて、高等女学校の卒業生であれば看護婦としての養成期間は大きく短縮できるのだから、ターゲットは女学生である。本文中に、「そのころは高女出で看護婦になる人はすくなかつた」という記述があるが、その希少な立場の看護婦だった西沢都弥子という女性を、きわめて優れた人間として大きく扱った理由はそこにある。

すでに述べたと思うが、この路線は〈しらゆり学徒隊〉などとして沖縄で実現している。もし敵軍の本土上陸まで日本が降伏しないでいたら——本土でもたくさんの〈学徒隊〉が作られたのは確かだろう。

アジア太平洋戦争下の少女雑誌に軍が求めたものをひとことで言えば、少女たちを従軍看護婦にしたいということだった。初めから終わりまで、そういう意図が見え隠れしつつ存在していたというのが、この足かけ十五年の期間の『少女倶楽部』に目を通したわたしの一つの結論である。

あとがき

それが生まれる前と後とでは、世の中が大きく違うということはたくさんあります。一例をあげれば、インターネット以前と以後です。インターネットより古いことを持ち出せば、テレビ以前と以後です。日本でのテレビ放送の開始は一九五三年のことですから、テレビ以前を体験している人間はもう少数派になってしまいました。

テレビ以前の時代において、子どもと社会をつなぐ重要な文化的チャンネルだったのが雑誌です。昭和のごく初期について言えば、たとえば講談社の『少年倶楽部』や『少女倶楽部』のような雑誌は、少年小説や少女小説といった読物で読者を引きつけるとともに、漫画（あえてマンガとは書きません）で大きな楽しみを与えていました。

しかしそれだけではありません。口絵や各種の写真などでビジュアルな興味に気をくばり、社会の出来事や知名人の動静なども伝え、〈偉い人〉の訓話なども掲載しました。要するに『少年倶楽部』も『少女倶楽部』も、子どものための総合雑誌でした。ですから発行時点において、子どもたちがどういうふうに読んだか、また、どういう影響を受けたかということの検討は、雑誌を丸ごと見ることによって初めて成り立ちます。

けれども雑誌を丸ごと見るのが困難であることは、本文において述べたとおりです。たとえば『少年倶楽部』の全冊を調べるといったことは、何かのプロジェクトにもとづく共同研究でなければできないでしょう。個人には無理な作業です。

わたしは本書において、一部の時期についてのみ『少女倶楽部』に取り組みました。わたしの場合、その作業の動機は『少女倶楽部』という雑誌への関心というより、アジア太平洋戦争が子どもの雑誌にどう反映したかを見るというところにありました。しかし執筆を終えた今、この雑誌への親近感が生まれ、その全体を見てみたいとすら思っています。というのは、全体を見ることによってこそ、その一部分であるアジア太平洋戦争の時期のものの特質をいっそう明らかにできるはずだからです。ただし、その実行はむずかしいでしょう、残念ながら。

本書は、季刊の同人研究誌『論叢 児童文化』の第37号（二〇〇九年秋季）から第43号（二〇一一年春季）まで（ただし第38号を除く）に連載したものです。連載中は『少女倶楽部』そのものを見ることに追われて、論稿を十分にまとめることができませんでしたので、出版に当たってかなり細かく手を入れました。

時期的な範囲は狭いですが、『少女倶楽部』という雑誌がどういうものだったかということと、戦争当時における児童文化の実態の一端を知っていただければと願っています。機会がありましたら、一冊でも二冊でも当時の『少女倶楽部』に目を通してみてください。

本書は、梨の木舎から出版するわたしの個人著作の三冊目です。今回も同社の羽田ゆみ子さんにいろいろお世話になって本書が世に出ることになりました。

二〇一二年一月

長谷川　潮

資料

守って下さい満洲を

西條八十（作）

『少女倶楽部』一九三二年二月号

兄《にい》さま、遠《とほ》い滿洲《まんしう》の
　氷《こほり》の原《はら》のお兄《にい》さま、
ちら〳〵雪《ゆき》が降《ふ》る今宵《こよひ》
　あなたはどこの森《もり》のかげ。

御國《みくに》のために執《と》る劒《けん》の
　光《ひかり》も凍《こほ》る眞夜中《まよなか》に
搖《ゆ》れる露營《ろえい》の篝火《かがりび》に
　故郷《こきやう》を想《おも》ふお兄《にい》さま。

晴《は》れの首途《かどで》の汽車《きしや》の窓《まど》、
　『手柄《てがら》を立《た》てて歸《かへ》るぞ』と
につこり笑《わら》つて仰有《おつしや》つた
　あの面影《おもかげ》が懷《なつ》かしや。

昨日《きのふ》あなたのお手紙《てがみ》に
　在《あ》つた悲《かな》しい物《もの》がたり、
讀《よ》んでわたしは母《かあ》さまと
　ふたり思《おも》はず泣《な》きました。

あなたの隊《たい》の人《ひと》たちが
　昂々溪《かうかうけい》の戰《たたかひ》に
雄《お》々《ゝ》しく死《し》んだ戰友《せんいう》の
　お墓《はか》をたててあげたとき。

お墓《はか》に供《あ》げる花《はな》もなく
　辛《つら》い眠《ねむり》の暇《ひま》を割《さ》き
雑誌《ざつし》の中《なか》の花《はな》の繪《ゑ》を
　刻《きざ》んで供《あ》げたその話《はなし》。

ああ、なんといふ美《うつく》しく、
　強《つよ》くやさしいその心《こころ》、
ああ、この愛《あい》のあればこそ
　大和心《やまとごころ》の花《はな》も咲《さ》く。

九千萬《まん》の人《ひと》のため、
　兄《にい》さま、どうぞ勇《いさ》ましく
守《まも》つて下《くだ》さい滿洲《まんしう》を
　わたしは祈《いの》つてをりまする。

あなたが凱旋《がいせん》なさるまで
　母様《かあさま》のこと、家《うち》のこと、
細腕《ほそうで》ながら妹《いもうと》は
　かならず守《まも》つて見《み》せまする。

兄《にい》さま、雪《ゆき》がやみました。
　いつか出《で》てゐるひとつ星《ぼし》。
あなたの胸《むね》の勲章《くんしやう》の
　樂《たの》しい夢《ゆめ》のひとつ星《ぼし》。

この歌《うた》は遠《とほ》く滿洲《まんしう》の野《の》にあつて、皇國《みくに》の爲《ため》に盡《つく》す派遣軍《はけんぐん》の上《うへ》を憶《おも》ふ皆《みな》さんの心《こころ》をうたつたものです。『こゝは御國《みくに》を何《なん》百里《り》、離《はな》れて遠《とほ》き滿洲《まんしう》の』の曲《きよく》で歌《うた》つて下《くだ》さい。

『少女倶楽部』一九三八年五月号

戰《せん》地《ち》より還《かへ》りて

陸軍大將《りくぐんたいしやう》　松《まつ》井《ゐ》石《いは》根《ね》

きり結《むす》ぶ刃《やいば》の下《した》は地獄《ぢごく》なり
身《み》を捨《す》ててこそ浮《う》かぶ瀬《せ》もあれ

この歌《うた》のやうに、身《み》を捨《す》てる覺悟《かくご》で戰《たゝか》つてこそ、生《い》きる道《みち》も見出《みいだ》される。あの日露戰爭當時《にちろせんさうたうじ》の我《わ》が帝國《ていこく》の意氣込《いきごみ》は、全《まつた》くこの歌《うた》そのまゝでありました。何《なに》しろ、當時《たうじ》は、日本《につぽん》の國力《こくりよく》は今日《こんにち》ほどでなく、露國《ろこく》は名《な》にしおふ大國《たいこく》でしたから、戰爭《せんさう》してもなか〳〵勝《か》つ見込《みこみ》がない。かといつて默《だま》つてゐれば、露國《ろこく》はどんな事《こと》をやりだすかわからない。三國干渉《ごくかんせふ》で無念《むねん》にも日本《につぽん》が支那《しな》に還附《くわんぷ》した遼東半島《れうはんはんたう》に、どん〳〵ロシヤが兵《へい》を入《い》れるばかりか、その軍隊《ぐんたい》は朝鮮《てうせん》との國境《こくきやう》、鴨綠江《あふりよくかう》まで進《すゝ》んで、朝鮮《てうせん》さへねらふ始末《しまつ》。もう我慢《がまん》がならぬ、坐《すわ》つてゐて亡《ほろ》びるより、起《た》つて力《ちから》かぎり戰《たゝか》はう、と、それこそ身《み》を捨《す》てる覺悟《かくご》でぶつつかつていつたのです。

その時《とき》の樞密院議長《すうみつゐんぎちやう》伊藤博文公《いとうひろぶみこう》は、いよ〱開戰《かいせん》ときまつた時《とき》、こんな悲壯《ひさう》な決意《けつい》をもらされたといふ事《こと》であります。

『今度《こんど》の戰《たゝかひ》は、實《じつ》に陸海軍《りくかいぐん》にも、必《かなら》ず成功《せいこう》するといふ見込《みこみ》はついてゐない。・・・どんな事《こと》にならんとも限《かぎ》らない。そこで、萬一《まんいち》にも、我《わ》が軍《ぐん》が朝鮮《てうせん》で敗《やぶ》れ、露軍《ろぐん》がどし〱攻《せ》め入《い》つて來《き》た時《とき》には、及《およ》ばずながらこの博文《ひろぶみ》も、昔《むかし》の北條時宗《ほうでうときむね》がやつたやうに、自《みづか》ら武器《ぶき》をとつて兵《へい》の中《なか》に身《み》を投《とう》じ、自分《じぶん》の家内《かない》も時宗《ときむね》の妻《つま》に見習《みなら》つて、兵糧《ひやうらう》の世話《せわ》などやらせ、夫婦《ふうふ》共《とも》に、九州《きうしう》なり、山陰道《さんいんだう》なりに出《で》かけ、殘《のこ》つた國民《こくみん》といつしよに海岸《かいがん》を守《まも》り、一歩《ぽ》といへども、露兵《ろへい》を日本《につぽん》の土地《とち》に上《あが》らせない決心《けつしん》である。』

伊藤公《いとうこう》は、かう語《かた》られたさうですが、公《こう》ばかりでなく、實《じつ》に日本國民《につぽんこくみん》の全部《ぜんぶ》が、心《こゝろ》を合《あ》はせてこの覺悟《かくご》で國難《こくなん》にあたつたのです。

私《わたくし》も當時《たうじ》第《だい》三師團《しだん》の一中隊長《ちうたいちやう》として出征《しゆつせい》しました。そして遼陽會戰《れうやうくわいせん》で負傷《ふしやう》いたしましたが、幸《さいは》ひに傷《きず》が淺《あさ》かつたので、戰地《せんち》に留《とど》まつて、最後《さいご》まで御奉公《ごほうこう》することができました。その當時《たうじ》を思《おも》ひだしますと、まことに感慨《かんがい》が深《ふか》いのであります。

戰《たゝかひ》は日本《につぽん》の大勝《たいしよう》となりました。東洋《とうやう》の一島帝國《たうていこく》である日本《につぽん》が、當時《たうじ》、世界《せかい》で一番強《ばんつよ》いといはれた露國《ろこく》を見事《みごと》に負《ま》かしたのですから、世界中《せかいぢう》は驚《おどろ》いてしまひました。いや、驚《おどろ》いたといふよりは、大《おほ》いに尊敬《そんけい》するやうになりました。世界中《せかいぢう》の澤山《たくさん》の小國《せうこく》が、それ以來《いらい》我《わ》が帝國《ていこく》をお手本《てほん》にするやうになり、東洋《とうやう》の日本《にっぽん》は、一躍世《やくせ》界《かい》の日本《にっぽん》になつたのです。

さて、どうして日本《にっぽん》はこのやうな大勝利《だいしようり》を得《え》たかといふのに、これは我《わ》が開戦《かいせん》の名《な》が正《たゞ》しかつたことと、國民《こくみん》が一致《ち》團結《だんけつ》して、事《こと》にあたつたことが、その主《おも》な原因《げんいん》であります。戰爭《せんさう》は一箇年《かねん》八箇月《かげつ》も續《つゞ》き、約《やく》二十億《おく》の國《くに》のお金《かね》と十萬《まん》の戰死傷者《せんししやうしや》を出《だ》しながら、少《すこ》しも屈《くつ》しなかつた國家《こくか》と國民《こくみん》の決意《けつい》が、かういふ輝《かゞや》かしい大勝利《だいしようり》をもたらしたものであります。

日露戰爭《にちろせんさう》が終《をは》つた時《とき》、當時《たうじ》日本《にっぽん》にをりました英國公使《えいこくこうし》は、

『日本軍《にっぽんぐん》が勝《か》つたのは、何《なに》より銃後國民《じゆうごこくみん》の後援《こうゑん》が強《つよ》く旺《さか》んだつたからだ。』

と言《い》つてゐたし、戰爭後《せんさうご》、ロシヤの參謀本部《さんぼうほんぶ》で、勝敗《しようはい》の原因《げんいん》を眞劍《しんけん》に調《しら》べた結果《けつくわ》は、日本軍《にっぽんぐん》の背後《はいご》には、燃《も》ゆるやうな銃後《じうご》の熱誠《ねつせい》があるにひきかへ、ロシヤにはこの力《ちから》が全《まった》くなかつたからだと言《い》つてをるくらゐであります。

今度の支那事變《しなじへん》に於《おい》ても、事變《じへん》が始《はじま》つてこの方《かた》、國民銃後《こくみんじうご》の熱誠《ねつせい》は、日本獨特《にっぽんどくとく》の美《うつく》しい、國民《こくみん》性《せい》を遺憾《ゐかん》なく發揮《はつき》したもので、まことに限《かぎ》りない心強《こゝろづよ》さを感《かん》ずる次第《しだい》であります。

わが第《だい》一線《せん》の將兵《しやうへい》は、御國《みくに》のために今《いま》なほ忠勇果敢《ちうゆうくわかん》に戰《たゝか》つてをります。その戰場《せんぢやう》の美談《びだん》は數限《かずかぎ》りなくあります。國《くに》には、たゞ一人《ひとり》の病床《びやうしやう》の老母《らうぼ》がある。人《ひと》の子《こ》としての最後《さいご》の孝養《かうやう》はできないが、天皇陛下《てんのうへいか》の御爲《おんため》に身《み》を捨《す》つるこそ、何《なに》より大《おほ》きな親孝行《おやかうかう》であると念《ねん》じて、笑《わら》つて戰場《せんぢやう》に死《し》んでゆく勇士《ゆうし》があるかとおもへば、今《いま》は母《はは》のない幼兒《をさなご》に對《たい》し、はるか異境《いきやう》の戰場《せんぢやう》から、『どうか

立派《りつぱ》に育《そだ》つてくれよ。お父《とう》さんに會《あ》ひたかつたら靖國神社《やすくにじんしや》にくるやうに。』と書《か》きのこして天晴《あつぱ》れ戰場《せんぢやう》の露《つゆ》と消《き》えた勇士《ゆうし》もあります。出征兵全部《しゆつせいへいぜんぶ》がこの決心《けつしん》なのです。忠勇比《ちうゆうたぐ》ひなき將兵《しやうへい》のその心持《こゝろもち》ちをおもふと、思《おも》はず頭《あたま》も下《さが》るではありませんか。この至誠純忠《しせいじゆんちう》の心《こゝろ》こそ、昔《むかし》から日本《につぽん》をしつかりと護《まも》り通《とお》して來《き》たのであります。

事變《じへん》は、すでに長期戰《ちやうきせん》となりました。これからの覺悟《かくご》が一層大切《そうたいせつ》です。どうか皆《みな》さんも、この上《うへ》とも銃後《じうご》の赤誠《せきせい》に心《こゝろ》をつくし、北支《ほくし》に中支《ちうし》に轉戰《てんせん》してゐる將兵《しやうへい》を勵《はげ》まして下《くだ》さい。その決意《けつい》と激勵《げきれい》があつてこそ、いよ〳〵皇軍《こうぐん》の士氣《しき》も振《ふ》るひ、特《とく》に事變《じへん》の犧牲《ぎせい》となつた數多《あまた》の英靈《えいれい》も慰《なぐさ》められるのです。

この度《たび》、私《わたくし》は半歳《はんさい》ぶりに歸國《きこく》して國内《こくない》の樣子《やうす》を一見《けん》いたしますのに、一般《ぱん》の空氣《くうき》に、どうも日《にち》露《ろ》戰爭當時《せんさうたうじ》のやうな戰爭氣分《せんさうきぶん》が見《み》られない心地《こゝち》がします。あるひは當時《たうじ》とは國情《こくじやう》も違《ちが》つてゐるので、これだけのゆとりがあり、落着《おちつき》があるためかもしれません。それなら結構《けつこう》ですが、萬《まん》一さうでなく、國民《こくみん》が支那《しな》を輕《かろ》んじたり、勝《かち》に誇《ほこ》つて安心《あんしん》してゐるやうな氣合《きあひ》があつたとすれば、それこそ由々《ゆゝ》しき大事《だいじ》と考《かんが》へられます。

勝《か》つて兜《かぶと》の緒《を》をしめよ、——どうか、一時的《じてき》に熱《ねつ》して冷《さ》めることなく、勝《か》つてなほ、しつかりと兜《かぶと》の緒《を》をひきしむる心持《こゝろもち》で、この事變銃後《じへんじうご》の護《まもり》をいよ〳〵固《かた》うするやう、松井《まつゐ》は、切《せつ》にこの際《さい》、皆《みな》さんにもお願《ねが》ひする次第《しだい》であります。

少女たちへのプロパガンダ

二〇一二年二月一〇日　発行

著者…………長谷川　潮
発行者…………羽田ゆみ子
発行所…………有限会社梨の木舎
〒101―0051　東京都千代田区神田神保町1―42
電話　03（3291）8229
FAX　03（3291）8090
http//www.jca.apc.org/nashinoki-sha
nashinoki-sha@jca.apc.org
装丁…………宮部浩司
DTP組版…………石山和雄
印刷・製本所…………株式会社厚徳社

長谷川　潮（はせがわ・うしお）
1936年　東京都生まれ。
法政大学卒業。
国際基督教大学図書館に勤務（1962-97）
現在、児童文学評論家。
著書　『日本の戦争児童文学』久山社、1995年
『児童戦争読み物の近代』久山社、1999年
『戦争児童文学は真実を伝えてきたか』梨の木舎、2000年
『子どもの本に描かれたアジア・太平洋』梨の木舎、2007年

教科書に書かれなかった戦争

⑱子どもの本から「戦争とアジア」がみえる
――みんなに読んでほしい300冊

長谷川潮・きどのりこ編・著　A5判/240頁/定価2500円＋税

●目次　1戦場はどうつたえられているか　　戦争や軍隊を否定　2人々の暮らし　　アジアの人々の痛みに届いているか　3原爆　　人類に未来はあるか　4アジアの国々で日本がしたこと　●わたしはこう読んだ　◎アンソロジー

子どもの本にアジア・太平洋戦争はどうつたえられているか。侵略されたアジアの視点で子どもの本をとりあげる。子どもと語りあいたいおとなたちに。学校図書館必備　増補2刷　残部僅少

4-8166-9404-8

㉘世界の子どもの本から「核と戦争」がみえる
長谷川潮・きどのりこ編　A5判/263頁/定価2800円＋税

●目次　1日本の戦争　　日本を見つめるまなざし　2ユダヤ人迫害　　加害者の側から書く課題　3戦場　　戦場で戦った子どもたち　4戦時下の人びとの暮らし　　戦争が子どもに与えた影響の大きさ　5戦争はまだ終わらない　　人間への信頼　6寓話のなかの戦争　　体験的リアリズムの対極に　◎各国事情紹介　書名索引

日本を除く世界の戦争児童文学のガイドブック。PART18に続く世界編であり、両者をあわせて世界中の戦争児童文学のガイドブックが完成した。翻訳本161冊、未翻訳本142冊を紹介する。図書館必備。　残部僅少

4-8166-9702-0

㊸歴史教育と歴史学の協働をめざして――
ゆれる境界・国家・地域にどう向きあうか
坂井俊樹・浪川健治編著　森田武監修

A5判/418頁/定価3500円＋税

●目次　1章　境界と領域の歴史像　2章　地域　営みの場の広がりと人間
3章　交流のなかの東アジアと日本　4章　現代社会と歴史理解

歴史教育者である教師と、歴史研究者の交流・相互理解をすすめる対話と協働の書。今日の歴史教育を取り巻く状況を、「境界・国家・地域という視点から見つめなおす。

978-4-8166-0908-4

㊹アボジが帰るその日まで
――靖国神社へ合祀取消しを求めて――

李煕子（イ・ヒジャ）＋竹見智恵子/著

A5判/144頁/定価1500円＋税

●目次　第一章　イ・ヒジャ物語―日本で提訴するまでの足どり
第二章　江華島ふたり旅
資料編　イ・ヒジャさんの裁判をもっとよく理解するために

「わたしにはひとつだけどうしてもやりとげたいことがある。
それはアボジを靖国神社からとり戻し故郷の江華島に連れ帰ること」

978-4-8166-0909-1

⑮それでもぼくは生きぬいた

日本軍の捕虜になったイギリス兵の物語

シャーウィン裕子　著

四六判/248頁/定価1600円＋税

●目次　一話　戦争を恨んで人を憎まず――チャールズ・ビーデマン／二話　秘密の大学――フランク・ベル／三話　トンネルの先に光――鉄道マン、エリック・ローマックス／四話　工藤艦長に救われた――サム・フォール／五話　命を賭けた脱出、死刑寸前の救命――ジム・ブラッドリーとシリル・ワイルド

第２次世界大戦において日本軍の捕虜となり、その過酷な状況を生きぬいた６人のイギリス人将兵の物語。

978-4-8166-0910-7

㊺次世代に語りつぐ生体解剖の記憶

――元軍医湯浅謙さんの戦後

小林節子著

A5判190頁　定価1700円＋税

目次　１湯浅謙さんの証言　２生体解剖の告発―中国側の資料から　３山西省で　４中華人民共和国の戦犯政策　５帰国、そして医療活動再開

日中戦争下の中国で、日本軍は軍命により「手術演習」という名の「生体解剖」を行っていた。それは日常業務であり、軍医、看護婦、衛生兵など数千人が関わっていたと推定される。湯浅医師は、罪過を、自分に、国家に、問い続けた。

978-4-8166-1005-9

㊼クワイ河に虹をかけた男　元陸軍通訳永瀬隆の戦後

満田康弘著

四六判/264頁/定価1700円＋税

●目次　１章たったひとりの戦後処理　２章アジア人労務者
３章ナガセからの伝言　４章遠かったイギリス　５章最後の巡礼

永瀬隆は、1918年生まれ。日本陸軍憲兵隊の通訳として泰緬鉄道の建設に関わる。復員後、倉敷市で英語塾経営の傍ら、連合国捕虜１万３千人、アジア人労務者推定数万人の犠牲を出した「死の鉄道」の贖罪に人生を捧げる。タイ訪問は135回。本書は彼を20年にわたって取材してきた地元放送局記者の記録である。

978-4-8166-1102-5

㊽ここがロードス島だ、ここで跳べ

憲法・人権・靖国・歴史認識

内田雅敏著

A5判/264頁/定価2200円＋税

●目次　１章二つの戦後を考える　２章靖国神社と大東亜聖戦史観
３章わたしたちは言論と表現の自由を手にしているか　４章裁判員制度はこのままでいいか？

本書からは、行動する弁護士・内田雅敏さんの覚悟と行動が立ちあがってくる。（鎌田慧）

978-4-8166-1103-2

シリーズ　平和をつくる

1　いま、聖書をよむ
――ジェンダーによる偏見と原理主義の克服をめざして

高柳富夫著

A5判/180頁/定価1800円＋税

一つの価値観をおしつけ、自由な批判精神を摘み取る点で、「キリスト教原理主義」と「日の丸・君が代原理主義」は同じ根をもっている。原理主義克服のために、原初史（創世記１章から11章）に託された真のメッセージは何かを問う。

4-8166-0406-5

2　9・11以降のアメリカ　政治と宗教

蓮見博昭著

A5判/192頁/定価1800円＋税

アメリカは今でも「自由の国」なのか、民主主義は機能しているのか。泥沼化したイラク戦争を抱える国、アメリカ。変貌しつつある「政治と宗教」を、歴史的にそして日本と比較しながらあきらかにする。

4-8166-0407-3

3　平和の種をはこぶ風になれ
ノーマ・フィールドさんとシカゴで話す

ノーマ・フィールド　内海愛子著

四六判上製/264頁/定価2200円＋税

2004年７月４日、内海愛子さんとシカゴ空港に降り立った。対イラク戦争を始めて１年すぎた独立記念日のアメリカ。「戦時下なのに戦争の影がないですね」、から対談は始まった。わたしたちの平和な消費生活が戦争を支えている――。個人史をふり返りながら、「平和」とは何かを考える。

978-4-8166-0703-5

5　韓流がつたえる現代韓国
――『初恋』からノ・ムヒョンの死まで

イ・ヨンチェ著

A5判/192頁/定価1700円＋税

韓流ドラマ・映画を入り口に韓国現代を学ぶ。韓国ドラマの中にはその時代の社会像とその時代を生きた個人の価値観や人間像がリアルに描かれている。植民地・分断・反共・民主化、そして格差をキーワードに織り込みながら、民主化世代の著者が語る。民主化の象徴であるノ・ムヒョン前大統領の死を韓国の国民はどううけとめたか。

978-4-8166-1001-1

女性への暴力防止・法整備のための国連ハンドブック

国際連合女性の地位向上部著

A5判/176頁/定価1800円＋税

●目次　1章はじめに――世界は動き出している　2章国際的・地域的な法および政策について　3章女性への暴力防止についての法律モデル　4章女性への暴力に関する法案の起草にあたって踏むべき手順のチェックリスト

こんな法律がほしい――本書は、女性への暴力防止法整備のために国連が作成した法律モデルの翻訳です。

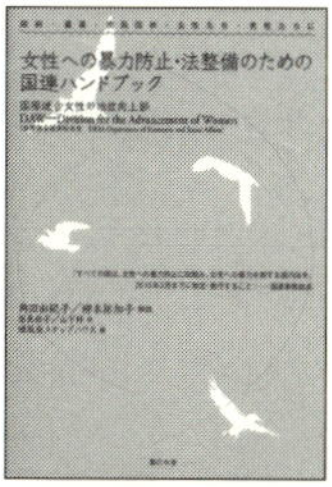

978-4-8166-1105-6

いつもお天道さまが守ってくれた

――在日ハルモニ・ハラボジの物語

朴日粉著

四六判212頁　定価1500円＋税

「人様を思いやる心根のやさしさ」は「人間の一番初めにあるべき知性」と石牟礼道子さんは言った。生きて、愛して、闘った、ハルモニ・ハラボジ34人へのインタビュー

978-4-8166-1101-8

母から娘へ―ジェンダーの話をしよう

権仁淑　著　中野宣子訳　まん画・大越京子

A5／186頁／定価1800円＋税

目次　1つめの物語　女と男はどのようにつくられるのか　2つめの物語　母の犠牲はいつでも美しいか　3つめの物語　女は身体に支配されているか　4つめの物語　女と男の性、そして性暴力　5つめの物語　職場の女性たち、男性たち

「ソニ、カワイイって言われたい？」「うん、もちろん」

女の子や男の子の中で、ジェンダー意識はどうつくられるか。民主化運動をたたかった韓国の女性学研究者の母から娘への愛情あふれる語り。民主化を阻む最後の壁は、視えないジェンダー意識ではな～い？

978-4-8166-1106-3

旅行ガイドにないアジアを歩く

マレーシア

高嶋伸欣・関口竜一・鈴木　晶著

A5判変型192頁　定価2000円＋税

●目次　1章マレーシアを知りたい　2章クアラ・ルンプールとその周辺　3章ペナン島とその周辺　4章ペラ州　5章マラッカとその周辺、6章ジョホール・バルとその周辺　7章マレー半島東海岸　8章東マレーシア

「マラッカ郊外の農村で村の食堂に入り手まねで注文した。待つ間に年配の店員が出てきて「日本人か」と聞いた。「それでは戦争中に日本軍がこのあたりで住民を大勢殺したのを知っているか」と。ここからわたしの長い旅がはじまった」（はじめに）

978-4-8166-1007-3

傷ついたあなたへ

わたしがわたしを大切にするということ

NPO法人・レジリエンス著

A5判/104頁/定価1500円＋税

◆ＤＶは、パートナーからの「力」と「支配」です。誰にも話せずひとりで苦しみ、無気力になっている人が、ＤＶやトラウマとむきあい、のりこえていくには困難が伴います。
◆本書は、「わたし」に起きたことに向きあい、「わたし」を大切にして生きていくためのサポートをするものです。２刷

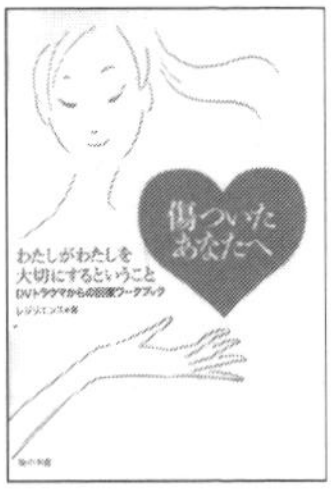

4-8166-0505-3

傷ついたあなたへ2

わたしがわたしを幸せにするということ

NPO法人・レジリエンス著

A5判/85頁/定価1500円＋税

◆ロングセラー『傷ついたあなたへ』（３刷）の２冊目。
◆DV(パートナー間の暴力)が社会問題となって久しいが、一向になくならない。被害者の女性たちが傷つきから回復し、ゆっくりと自分と向きあって心の傷のケアをし、歩き出すためのワークブック

978-4-8166-1003-5

愛する、愛される

――デートDVをなくす・若者のためのレッスン7

山口のり子（アウェアDV行動変革プログラム・ファシリテーター）著

A5判/120頁/定価1200円＋税

愛されているとおもいこみ、暴力から逃げ出せなかった。愛する、愛されるってほんとうはどういうこと？　おとなの間だけでなく、若者の間にも広がっているデートＤＶをさけるために。若者のためのレッスン７。３刷

4-8166-0409-X

愛は傷つけない

DV・モラハラ・熟年離婚――自立に向けてのガイドブック

DVカウンセラー　ノーラ・コーリ著

A5判/208頁/定価1700円＋税

●目次　DVとは何か、とくにことばによるいじめとは?●なぜDVが行われるのか、その理由は?●DVが起きている現実を踏まえ、今後どあしたらいい?●DV家庭で育つ子どもたちへの影響はどうなのか?●関係を続けるのならどのような心構えが必要か?●DVから回復するには?　さまざまな自立支援

DVは世界中で起きている。30年のキャリアをもつ日本人カウンセラー（在ニューヨーク）からのメッセージ。女性と男性へ、子どもたちへ。

978-4-8166-0803-2

長谷川潮の本

子どもの本に描かれたアジア・太平洋

近・現代につくられたイメージ

長谷川潮著

A5判／316頁／定価2800円＋税

19世紀末から20世紀に、アジア太平洋のイメージはどのようにつくられてきたか。巌谷小波の雑誌『少年世界』、山中峯太郎の『亜細亜の曙』、島田啓三のマンガ『冒険ダン吉』等から探る

978-4-8166-0706-6

戦争児童文学は真実をつたえてきたか

長谷川潮著

A5判/204頁/定価2200円＋税

戦争児童文学評論集。土岐由紀夫「かわいそうなぞう」、北原白秋「九軍神」いぬいとみこ「トビウオのぼうやは病気です」、等々をとりあげる。

978-4-8166-0005-0

天の火

高倉やえ著

四六判上製/198頁/定価1400円＋税

目次　揺れ／津波　娘たち　疑い　ははの記憶　相手国　天の火　さくら

同時通訳者が見た原発産業の内側

六本木の高層ビルで、高塔久子は東日本大震災に遭遇する。そして原発事故。米、英、仏、日の政府間交渉や企業提携交渉に立ち会ってきた久子は問う――何が原発産業を肥大させたのか？

978-4-8166-1107-0

新・仏教とジェンダー　女性たちの挑戦

女性と仏教 東海・関東ネットワーク編

四六判／334頁／定価2400円＋税

目次　第１章　シンポジウム　ジェンダーイコールな仏教をめざして
　　　第２章　仏教と共に生きる女性たち
　　　第３章　「女たちの如是我聞」より
　　　第４章　女性と仏教をめぐる小論

釈尊は、人は「生まれ」によって差別されてはならない、と説いた。視えない差別、ジェンダーの縛りに勇気をもってチャレンジする女性たちの切実な声をつたえる。

978-4-8166-1108-7